中国西部扶贫世行贷款项目
World Bank Western Poverty Reduction Project in China

贫困监测报告

（内蒙古　甘肃）

Poverty Monitoring Report

2000

（总第2号）

国家统计局农村社会经济调查总队
国务院扶贫办外资项目管理中心

General Organization of Rural Social-Economic
Survey of National Bureau of Statistics
and
Foreign Capital Project Management Center of State Council
Leading Group Office of Poverty Alleviation and Development

二〇〇一年八月　北京
August, 2001 Beijing

图书在版编目（CIP）数据

贫困监测报告．2000．总第2号：内蒙古、甘肃/国家统计局农村社会经济调查总队，国务院扶贫办外资项目管理中心编．—北京：经济科学出版社，2001.11

（中国西部扶贫世行贷款项目）

ISBN 7－5058－2721－9

Ⅰ．贫… Ⅱ．①国…②国… Ⅲ．①农村—贫困—问题—中国—调查报告②农村—贫困—问题—内蒙古—调查报告③农村—贫困—问题—甘肃省—调查报告

Ⅳ．F323.8

中国版本图书馆CIP数据核字（2001）第075999号

西部贫困监测项目组织机构及主要人员

一、国家统计局西部贫困监测项目领导小组

朱向东　鲜祖德　张淑英

二、国家统计局西部贫困监测项目主任

鲜祖德

三、国家统计局西部贫困监测项目执行小组（以姓氏笔划排序）

王萍萍　关　冰　阳俊雄　余新华　张　毅　李聪敏

胡永清　赵建华　唐　平　盛来运　彭丽荃　蔡　旭

四、西部贫困监测项目专家组（以姓氏笔划排序）

刘文璞　孙若梅　严瑞珍　吴国宝　李小云

李　实　杜小山　林毅夫　黄季焜　韩　俊

五、省级贫困监测项目主要人员

内蒙古自治区：

郑世成　白富胜　徐蒙生　方　玲　刘世友

甘肃省：

樊怀玉　白　明　荣建民　常连英　赵之明

Organization of Poverty Monitoring and Evaluation System of West Poverty Reduction Project

A. Project leading group

Zhu Xiangdong　Xian Zude　Zhang Shuying

B. Project director

Xian Zude

C. Operation office

Wang Pingping　Guan Bing　Yang Junxiong　Yu Xinhua　Zhan Yi
Li Congmin　Hu Yongqing　Zhao Jianhua　Tang Ping　Sheng Laiyun
Peng Liquan　Cai Xu

D. Consultants

Lu Wenpu　Sun Ruomei　Yan Ruizhen　Wu Guobao　Li Xiaoyun
Li Shi　Du Xiaoshan　Lin Yifu　Huang Jikun　Han Jun

E. Provincial project group

Inner Mongolia:

Zheng Shicheng　Bai Fusheng　Xu Mengsheng　Fang Ling　Liu Shiyou

Gansu:

Fan Huaiyu　Bai Ming　Rong Jianmin　Chang Lianying　Zhao Zhiming

前　言

西部扶贫世行贷款项目是中国政府部分利用世界银行贷款，在内蒙古和甘肃的27个特困县实施的综合性开发式扶贫项目。该项目从1999年开始，将持续6年。作为西部项目的一部分，国家统计局、国务院扶贫办和内蒙古自治区、甘肃省合作在西部项目区开展贫困监测与评估抽样调查。此项调查受到国家统计局的高度重视。调查的具体工作由国家统计局农调总队负责，内蒙古、甘肃农调队及西部项目县统计局和农调队参与调查数据的收集及处理工作。

与西部项目相对应，西部项目贫困监测与评估工作将持续6年，每年对抽中的15个县（内蒙古8县、甘肃7县）的150个行政村、抽样村中1500个住户以及抽样户的全部人口进行追踪调查。调查采用对称等距、随机起点抽样方法。以农户记账和调查员访户相结合方法收集数据。调查内容包括农村基础设施、社会保障、教育卫生、收入支出、生产消费以及调查村和农户参加扶贫项目活动的规模、时间等。基期调查在1999年底进行，2000年在同样的样本上开展了追踪调查。2000年西部扶贫世行贷款项目区贫困监测报告就是根据两年调查资料编辑而成。

本报告力求客观真实地反映西部项目区在项目执行期间的社会经济状况及变化，为如实反映项目区贫困缓解进程、评估项目活动影响打下基础。由于编者水平所限，缺点错误在所难免，敬请读者指正并提出宝贵意见。

西部贫困监测与评估项目在执行过程中，一如既往地得到了许多专家的咨询、帮助和指导，在此要特别感谢：世界银行的Petros.Aklilu先生、Sari.Soderstrom女士、朱征旋女士、Martin.Ravillion先生，Alan.Piazza先生、陈少华女士、Benu.Bidani女士，国务院扶贫办的王国良先生、冯强先生、徐辉先生和何晓军女士，财政部的王焰宁先生，以及其他对此项工作给予了大力支持的各界人士。

编　者

二〇〇一年八月

Preface

Chinese government has been carrying out an integrate poverty reduction project——Western Poverty Reduction Project (WPRP) in 27 poorest counties of Inner Mongolia Autonomous Region and Gansu Province through using World Bank loan since 1999. Poverty monitoring and evaluation system, as a part of WPRP, has been set up on the base of cooperation of National Bureau of Statistics, State Council Leading Group Office of Poverty Alleviation and Development, and Project Provinces. NBS takes Western Poverty Monitoring and Evaluation System (WPMS) as one of the major tasks to support the government's effort to alleviate poverty. Rural Survey Organization (RSO) of NBS is responsible for operation and management of WPMS. The province branches and the county survey teams of RSO in project area will take part in the data collection.

Corresponding to WPRP, the sample survey of WPMS will be carrying out every year during 1999 – 2004. The sample survey covers 15 counties (8 counties in Inner Mongolia and 7 counties in Gansu), 150 administrate villages, 1500 households and all the members of sample households. A random start point, symmetry systematic sampling method was used to select the county, village and household. The data are collected through the visiting of interviewers as well as the dairy-book kept by the sampled household. Survey collect information on rural infrastructure, basic social service such as education and health, household production and consumption, income and expenditure, labor mobility and the scale, time of the project activities participated by the sample villages and households. A baseline survey was conducted at the end of 1999. Tracing survey on the same sample was carried out in 2000. The data from the two-years survey construct the very bases of *Poverty Monitoring and Evaluation Report 2000 for Western Poverty Reduction Project*.

The Report is compiled to reflect social and economic conditions and the changes of the project area in order to give an objective foundation for poverty monitoring and impact evaluation for WPRP. Any suggestion and comments are deeply welcome.

In the process of our survey and report formulation, many experts contributed their valuable suggestions and advice. Among them, we would especially thanks Mr. Petros Aklilu, Ms. Sari Soderstrom, Ms. Zhengxuan Zhu, Mr. Martin Ravillion, Mr. Alan Piazza, Ms. Shaohua Chen, and Ms. Benu Bidani in the World Bank, and Mr. Wang Guoliang, Mr. Feng Qiang, Mr. Xu Hui and Ms. He Xiaojun in the Foreign Capital Management Center of State Council Leading Group Office of Poverty Alleviation and Development, and Mr. Wang Yanning in ministry of Finance.

Editor

August, 2001

目　录

插表

插图

CONTENTS

Tables In Report

Chats In Report

摘　要

作为西部扶贫世行贷款项目的一部分，国家统计局、国务院扶贫办与内蒙古自治区和甘肃省合作在西部项目区开展贫困监测抽样调查。调查从1999年开始，每年对抽中的15个项目县的150个行政村和150个农户进行追踪调查。调查采用对称等距、随机起点抽样方法，以农户记账和调查员访户相结合方法收集数据。2000年西部扶贫世行贷款项目区贫困监测报告就是根据两年调查资料编辑而成。

贫困监测调查显示：2000年在部分项目区种植业遭受严重干旱打击、牧业生产有所回升、部分农户调整生产结构等多种正负因素的综合影响下，西部项目村贫困状况和农户生活状况呈现复杂的变化态势。一方面：农户平均收入和消费有所提高，2000年人均纯收入983元，比上年实际增长2.8%；人均生活消费支出962元，比上年实际增长2.3%，农户住房、耐用消费品拥有量增加；项目村基础设施、教育、卫生等基本社会服务有所改善。另一方面，以种植业为主的低收入人口的收入和消费受到严重影响，有一半的农户收入下降，食品和衣着等基本生活消费支出严重下降，贫困程度有所加重，项目村贫困发生率从1999年的22.2%提高到2000年的22.9%。

调查结果还显示，西部项目取得了初步的成功，主要表现在：

1．成功地选择了项目村。两年调查结果都证实，项目村社会经济状况确实要差于非项目村。而且项目农户的选择总体上也是比较成功的。

2．西部项目已在项目村全面地、实质性地推开，已有85%的项目村及约一半农户不同程度地参加过项目活动。

3．西部项目促进了项目村基础设施的改善，减轻了农户收入滑坡，从一定程度上阻止了贫困程度恶化。主要依据是：（1）项目村贫困程度上升幅度要小于非项目村。（2）项目村社区建设方面有明显进展。（3）回归结果表明，在排除社区、农户初始条件差别的情况下，1999年开始的养殖业扶贫项目和土地及微灌项目对参与农户的纯收入产生了显著的积极影响。

调查结果还表明，西部项目村许多农户因灾而返贫，发展基础受到严重损伤，另外，在一些项目区，在选择项目农户时对贫困农户优先不够，因而在未来几年内，西部项目区应该（1）必须加强对受灾农户的救济和援助，使其能在短时间内重新确定发展的基础。（2）项目区应该注重长远发展目标，加强环境保护，通过教育扶贫和促进劳动力流动尽快减少依赖本地自然资源生存的人口，向社会要资源、要收入、要机会。（3）要严格执行项目农户选择标准，优先选择贫困农户，使西部项目有更强的针对性。

Abstract

Poverty monitoring and evaluation system, as one component of Western Poverty Reduction Project (WPRP), has been set up on the base of cooperation among the National Bureau of Statistics (NBS), Leading Group of Poverty Reduction of China and the Project Province (Inner Mongolia Autonomous Region and Gansu Province). A baseline survey was conducted by NBS in 1999, which covered 15 sampled project counties, included 150 villages and 1500 households, and collected information on the level of community, household and individual. Tracing survey is to be carried out every year from 2000 – 2004 on the same sample. A random start point, symmetry systematic sampling method was used to select the county, village and household. The data were collected through the visiting of interviewers as well as the dairy-book kept by the sampled households. The data from the two years survey mentioned above construct the very bases of *Poverty Monitoring Report 2000 for Western Poverty Reduction Project Area*.

The poverty monitoring survey shows complicated annual changes of poverty situation and the living standard of project villages effected by a series of positive and negative factors such as serious drought, the recovery of animal husbandry and the structure adjustment of agricultural production. On the one hand, the average per capita net income of project villages reaches 983 yuan with real growth rate of 2.8% on the base of 1999. Per capita living expenditure is 962 yuan, increasing 2.3%, and the housing area and durable consumer goods owned by the household at year-end increased. The rural infrastructure, basic social service and human capital improved. On the other hand, due to the income and consumption of low-income group, mainly engaged in crop planting, damaged by serious drought, around half of the households report the income and living expenditure drop, and basic consumption on food and cloth reduce a lot. The poverty becomes more serious: the poverty head count rate rise to 22.2%, 0.7 percentage points higher than in 1999.

The survey results indicate that WPRP achieved initial successful in the first two years, because (a) the project targeting is fairly good in general, and (b) 85% project villages and about half of households have already participated in the project, and (c) some project activities have showed the significant positive impact on income of participants.

The survey also shows that economic situation of many households is damaged by drought and they return to poverty again, and in some project area poor households do not have enough priority in the project household selection. The following should be taken into consideration: (a) to enhance the support to those suffered from natural disaster and help them set up the development base again. (b) to enhance the environment protection, education assistance to poor households and labor mobility so as to reduce quickly the proportion of population depending mainly on local natural resource. (c) to pay attention on the issue of project household selection in order to enlist the poorest in the project in the following years.

第1章　2000年西部项目贫困监测结果综述

1.1　西部扶贫项目简介

从1999年开始，中国政府利用世行贷款，并在世界银行的直接支持和参与下，对贫困情况较为严重的内蒙古、甘肃的27个国家级特困县实施综合扶贫项目。项目计划覆盖项目县中的36.4万贫困农户，受益人口160.4万，其中内蒙古计划受益农户16.7万，受益人口67.4万；甘肃计划受益农户19.7万，受益人口93万。项目的主要目标是大幅度降低27个项目县的绝对贫困程度，增加贫困农户农牧产品产量和收入，解决其温饱问题，改善农村基础设施以及教育、卫生等社会服务，从而提高贫困农户的生活水平。

西部扶贫项目共包括下列七个分项目：

(1) 农户开发。提供种植业和养殖业优化生产技术，如良种、化肥、农药、薄膜、圈养；种树种草；加强农牧业技术服务。

(2) 灌溉和土地改良。在34050公顷土地上建造小规模灌溉工程，对26400公顷坡地进行坡改梯等水土保持工程。

(3) 农村基础设施。建设216公里三级和四级公路，使289个僻远行政村通车；在760个行政村建造饮水设施，解决37万人口的饮水问题；向410个行政村架设供电系统。

(4) 乡村企业。提供信贷，建立个体粮食和皮毛加工企业。

(5) 劳务输出（甘肃）。通过一种自愿的体制，组织当地剩余劳动力外出打工，并支持甘肃劳动局改进管理和服务。

(6) 卫生。改善基层卫生设施和服务。

(7) 机构建设与项目管理（包机构建设、项目监测和贫困监测）。

从1999年起，国家统计局承担了西部项目的贫困监测与项目影响评估工作。国务院扶贫办代表内蒙古和甘肃两省区和国家统计局合作建立西部贫困监测与评估系统，对西部世行贷款扶贫项目区的贫困状况及其扶贫效果进行监测与评估，这对于适时制定扶贫政策、确立扶贫工作重点、改善项目管理、提高扶贫项目资金的使用效益都具有积极的意义。

贫困监测与评估将持续6年，即1999年到2005年，每年对西部扶贫贷款项目地区进行跟踪抽样调查，提供全面可靠的项目区贫困状况资料，衡量并评估项目中各分项目的实施效果。

2000年是西部项目实施的第二年。项目计划的各种扶贫活动已全面展开，项目影响日益明显，那么，在项目实施两年后，项目区农户特别是贫困人口的生活现状如何？两年来有哪些变化？西部项目的针对性及效果如何呢？国家统计局在15个县两年跟踪调查的基础上，力图客观公正地回答上述这些问题。

1.2 西部项目贫困监测方法

1.2.1 调查方法

国家统计局对西部项目区的调查采用了科学的抽样调查方法，指标体系覆盖了农户及社区社会经济状况的各个主要方面，调查方法以农户记账和调查员定期访户相结合。调查有关情况如下：

(1) 抽样方法。

调查样本的抽选采用三阶段（项目区抽县、县抽村和村抽户）、对称等距、随机起点的抽样方法。对调查县、村和住户的抽选均根据人均纯收入和人均粮食产量进行排队，再使用人口作为辅助指标，采用随机起点、对称等距的抽样方法。

(2) 调查范围。

西部项目贫困监测分项目在内蒙古、甘肃的15个抽样县进行，其中内蒙古8个县，甘肃7个县。1999年进行基期调查，2000～2005年的4年间，每年进行跟踪调查。调查样本包括150个抽中村、1500个抽中农户以及抽中农户中的所有人。每个抽中县调查10个村，每个村调查10户，其中约2/3的调查村为项目村，1/3的村为非项目村。

15个贫困监测调查县如下：

内蒙古：

固阳县、巴林右旗、翁牛特旗、化德县、太仆寺旗、商都县、察右中旗、四子王旗

甘肃：

清水县、甘谷县、武山县、岷县、武都县、文县、礼县

(3) 调查内容。

村级社区基础设施及教育、卫生状况，住户收支、生产和消费状况，个人文化、就业、入学、生育、健康等人口统计特征以及扶贫项目的规模、时间、贷款数额及来源。

(4) 数据收集方法。

基期调查全部采用一次性调查的形式收集数据。

追踪调查中住户调查采用住户记日记账形式，住户随时把出售、购买以及其他现金收支记入日记账，并对生产、消费等实物收支定时进行登记，每一调查村聘请一名辅助调查员定期（一般为1～2周一次）对住户记账进行督促，并帮助文化程度低的住户记账。住户日记账每月一次由县级调查人员审核后，以账页形式录入微机，经过计算机审核和处理后，逐月汇总成年报数据。住户调查的年度为当年1～12月。社区、个人调查、扶贫项目调查采取入户访问调查方法，由县级调查人员和辅助调查员共同进行。调查时点为当年12月底。

(5) 调查时间。

基期调查于1999年12月～2000年2月间进行，2000年追踪调查在2000年12月完成。本报告的目的正是在这两年调查资料基础上，力图客观反映扶贫项目区的社区环境状况、农户经济状况及人口基本特征，为项目区正式实施项目期间贫困状况的综合评价和扶贫效果的衡量评估提供可靠基础。本年度监测报告中附录了1999年和2000年主要调查数据。1999年数据与1999年监测报告中的有所不同，主要原因一是内蒙古样本中的化德县代替了库伦旗，二是为与2000年全国农村住户调查新方案保持一致，使项目区数据有全国可比性，对收入口径做了微调。

1.2.2　贫困程度衡量方法

(1) 指标。考虑到贫困是一种以经济为核心的综合社会现象，对西部项目区贫困程度的估计以农户人均纯收入和人均生活消费支出为主，同时也使用人均粮食生产量以及社区基础设施、教育、卫生方面的一系列指标来反映项目区人民生活质量的改善情况。综述中共采用了5个方面的28个指标，其他指标详见各相关部分的详细分析。

(2) 贫困线确定方法及结果。2000年西部项目区贫困线的确定方法与全国农村贫困线的确定方法相同，该方法也是世界银行所推荐的。即①根据项目区低收入人口的实际食品清单和食品价格，确定达到人体最低营养标准（即每人每天摄入热量2100大卡）所需的最低食物支出（即食物贫困线）；②再根据回归方法计算收入正好等于食物贫困线的人口的非食品支出，把这部分非食品支出作为非食物贫困线；③把食物贫困线和非食物贫困线相加即为贫困线。

由于西部两省区农户的消费结构和价格水平有较大的差异，2000年分别为两省区项目区根据上述方法确定贫困线。1999年两省区项目区的贫困线由2000年贫困线以及相应的农村居民食品生活消费价格逆推而得。

1.2.3　项目效果评估方法

用非项目村作为对照，项目村的贫困程度、农户生活质量的改变从一定程度上反映出项目的效果，特别是在项目村改善程度大于非项目村的情况下，我们更可以判断出项目的效果。

但是，由于项目区是一个开放的系统，起码有三种因素使得按项目村、非项目村分的平均数难以完全反映出西部项目的效果，这三种因素是：

(1) 项目村与非项目村原有的自然、经济、社会条件存在较大的差异，在一般情况下，如果没有扶贫项目干预，条件较好的非项目村的发展将快于条件较差的项目村。

(2) 项目村与非项目村在过去两年中受到各种因素的影响是不一样的。

(3) 其他扶贫项目的叠加影响。在西部地区，各级政府对扶贫工作给予了高度的重视，利用世行贷款扶贫是许多扶贫项目中的一个，在这种情况下，区分西部项目的影响更不容易。

由于教育、卫生、基础设施建设子项目的实施（学费补贴除外）基本上以项目村全体村民为对象，在这些子项目上，西部项目和其他项目存在排他性（如利用西部项目在甲村修建了公路，一般就不可能再安排其他来源的扶贫资金进行同样的建设，而一个村如果不通公路，而又不在西部项目之内，则被其他扶贫项目包括的可能性很大），因而利用村一级平均数进行的年度之间的对比分析已能说明西部项目在基础建设方面的效果。

而在经济指标方面，农户项目在村一级可能存在重叠，也就是不仅在西部项目区的非项目村中存在其他资金来源的扶贫项目，而且西部项目区的项目村也可能存在其他资金来源的扶贫项目。由于各地区对扶贫资金的管理方法不同，有的把在世行项目村实施的项目统称为世行项目，有的只把由世行贷款支持的项目称为世行项目，而由国内配套资金支持的项目则各有自己的名称。因而，按是否是世行项目评估效益可能反而不能客观地衡量两省区的世行项目效益。世行项目对一个地区的真正影响需要和全部扶贫项目的覆盖率、资助强度等联系起来分析。

另外，项目实施也是一个动态的过程，项目农户和非项目农户并不是同时从同一起跑线上开始比赛的。首先，项目执行部门可能不断地选择经济状况较差的农户参加项目，这样，使得参加项目农户的收入可能比不上没有参加项目的农户。其次，各种项目活动的影响期可能不一样，见效快慢、影响持续时间各不相同。对前一年收入有正影响的项目，也许因为抬高了基期收入，而对第二年的收入增长率产生负影响，但也许因为有持续的正影响而对第二年的收入增长率产生正影响。这样，项目的影响评估就成为极其复杂的工作。

本报告通过以下方法对西部项目的效益进行评估：①对项目村与非项目村进行比较；②对贫困人口的状况进行描述；③采用回归分析的方法，试图对农户及村一级的特征因素加以控制，并对西部项目对农户纯收入的影响进行较为客观的、初步的评估。另外，西部项目是一个以贫困人口为实施对象的扶贫项目，对项目活动覆盖面、项目农户选择的针对性的分析将有利于项目效果的分析。

1.3 西部项目村贫困现状及年度变化

2000年西部项目区社会经济综合形势比较复杂：一方面大部分项目区遭受严重干旱，项目区粮食等主要农作物严重减收，部分农户出现绝收，致使以小麦、玉米等产品为主且灌溉条件较差的部分农户收入大幅度下降，甚至出现大额负收入。另一方面牧业生产走出低谷，肉类、毛绒等价格上扬；部分农户适应市场需求，及时调整农产品结构取得良好收益；同时，随着各项扶贫活动的推开，项目开始表现出积极的影响。这样，项目区的贫困状况和农户的生活水平年度变化也出现了较为复杂的态势。

1.3.1 贫困程度

内蒙古项目村贫困发生率上升，甘肃项目村贫困发生率下降，但两省区的赤贫人口均比上年增加。

从总体看，2000年西部项目村贫困发生率22.9%，比1999年上升0.7个百分点。其中内蒙古项目村贫困发生率比上年提高2.7个百分点，甘肃项目村则下降了1.1个百分点。但是，由于部分农户绝收、重新陷入深度贫困中，西部项目村以贫困深度和贫困强度指数表示的贫困程度分别为6.2%和3.8%，比1999年上升了1.4个百分点和1.5个百分点，两省区项目村用贫困深度指数和贫困强度指数表示的贫困程度均有上升。

表1.1　　项目村贫困程度指数

指　　标	项目村		非项目村	
	1999年	2000年	1999年	2000年
贫困发生率（%）	22.2	22.9	18.0	19.9
贫困深度指数（%）	4.8	6.2	3.3	5.8
贫困强度指数（%）	2.3	3.8	1.4	3.6

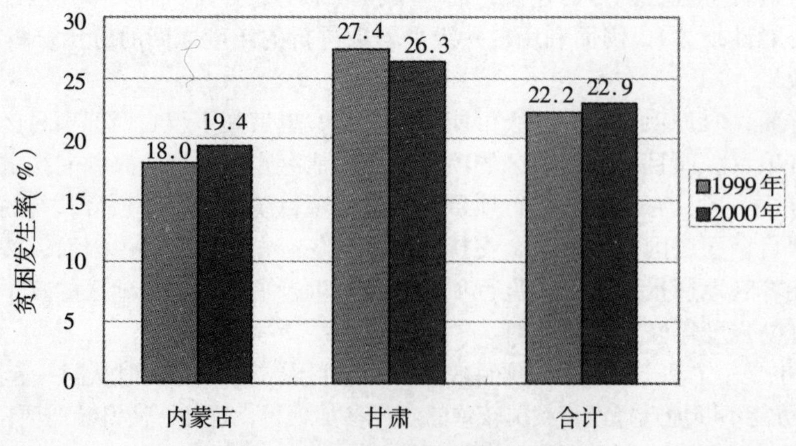

图1.1　项目村贫困发生率

1.3.2 收入

农户平均收入有所提高，但有一半农户实际收入下降。

2000年两省区项目村人均纯收入982.8元，比上年增长2.8%。内蒙古主要是牧业收入增加，但甘肃的部分农户种植业收入增加。但是，在平均收入提高的同时，有50%的农户收入下降，其中，内蒙古和甘肃分别有53%和47%的农户收入下降。由于低收入农户种植业比重较高，旱灾对种植业影响主要是对低收入农户的影响。

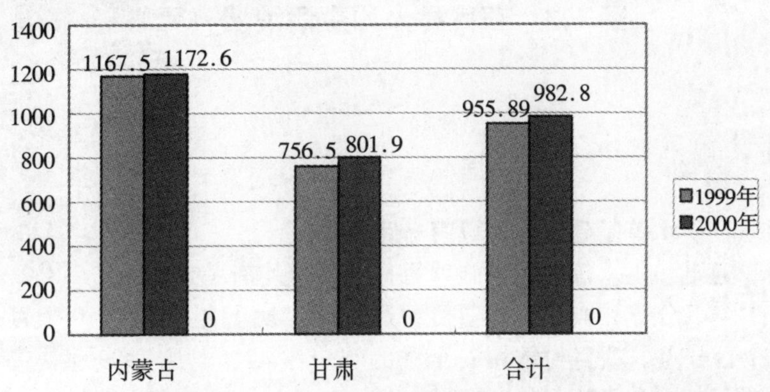

图1.2 项目村人均纯收入（元）

1.3.3 生活消费

内蒙古项目村消费支出改善，甘肃项目村消费支出下降。住房、耐用品拥有量增加。

2000年两省区项目村人均生活消费支出962元，比上年增长2.3%。食品、衣着支出普遍下降，住房、交通通讯、文化娱乐支出大幅度上升，住房和耐用品拥有量上升。分省看，内蒙古人均生活消费支出上升8.2%，而甘肃人均生活消费支出下降5.3%。内蒙古人均生活消费支出上升的原因是住房和交通通讯支出的增加弥补了食品和衣着支出的下降，甘肃的住房和交通通讯支出虽然也有较大幅度的增加，但仍没有弥补食品和衣着支出的下降。

表1.2　　农户主要经济指标

指　标	项目村		非项目村	
	1999年	2000年	1999年	2000年
1. 人均纯收入（元）	955.89	982.80	1108.38	1157.30
2. 人均生活消费支出（元）	940.75	962.15	989.32	1012.82
3. 食品消费支出比重（%）	59.20	54.10	57.20	52.90
4. 年末人均住房面积（平方米）	12.80	13.20	13.54	13.63
5. 每百户电视机拥有量（台）	77.00	78.50	81.00	85.20
6. 人均粮食消费量（公斤/人）	241.36	238.04	256.93	247.46
7. 人均粮食生产量 < 150公斤人口比重	11.90	11.70	10.80	14.50

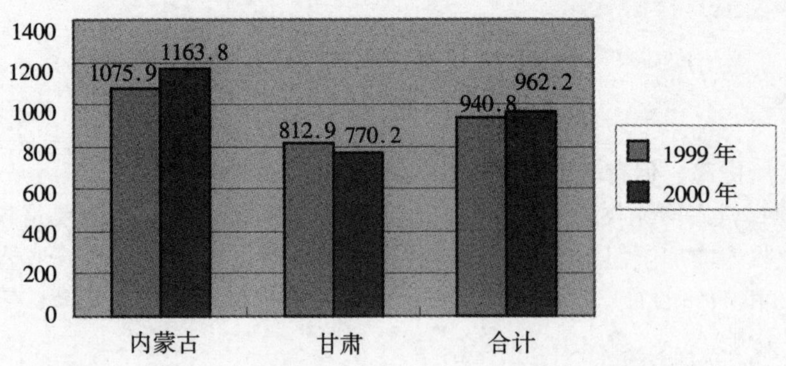

图 1.3　项目村人均生活消费（元）

1.3.4　基础设施

能源、公路、通讯、供水等基础设施建设有一定进展。

拥有能源、交通、通讯、供水等基础设施项目村的比重均有一定增加。其中，94.6%的项目村通照明电，比上年增加1.1个百分点；42.4%的项目村通电话，比上年增加10.9个百分点；87%的村通公路，比上年增加1.1个百分点。项目村饮用安全水的农户占47%，比1999年提高3.1个百分点。农户取用饮用水的距离和时间都有非常明显的减少。

表 1.3　　社区基础设施

指　标	项目村		非项目村	
	1999年	2000年	1999年	2000年
1. 使用照明电的村比重（%）	93.5	94.6	91.4	93.1
2. 通电话的村比重（%）	31.5	42.4	50.0	55.2
3. 通公路的村比重（%）	85.9	87.0	79.3	86.2
4. 能接收电视节目的村比重（%）	97.8	96.7	93.1	91.4
5. 饮用安全水的农户比重（%）	43.9	47.0	47.6	54.1
6. 取水距离100米以下农户比重（%）	66.8	71.8	68.1	73.3
7. 取水时间每天在半小时以下比重（%）	75.0	82.0	71.7	77.9

1.3.5　教育

小学数量有所收缩，但质量有所改善，女童在校率明显提高。

2000年，在项目村范围内，由于并校措施的实施，小学数量有所减少，但现有小学教学设施及教师水平有明显的提高。小学危房面积大幅度下降，学校课桌椅数量明显增加，拥有课桌椅的学生比重提高；合格教师比重从1999年的86.9%提高到2000年的91%；项目村的女学生占学生人数比重达到了49.2%，比上年提高了8.3个百分点。

表 1.4　　教育状况主要指标

指　标	项目村		非项目村	
	1999年	2000年	1999年	2000年
1. 有小学的村的比重（%）	93.5	83.9	96.6	86.7
2. 教师合格率（%）	86.9	91.0	92.7	89.8
3. 小学危房面积比重（%）	9.6	7.2	6.9	5.2
4. 7~12岁男童在校率（%）	92.6	92.4	90.2	90.6
5. 7~12岁女童在校率（%）	89.5	90.4	89.0	95.6
6. 女学生占学生人数比重（%）	40.9	49.2	48.8	46.7

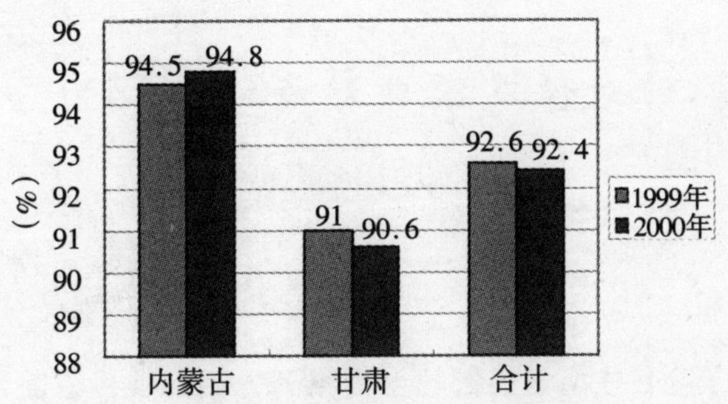

图1.4 项目村7~12岁男童入学率

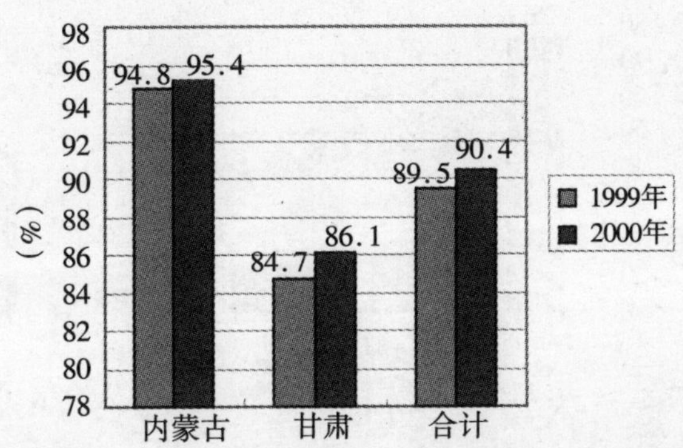

图1.5 项目村7~12岁女童入学率

1.3.6 卫生

卫生状况继续改善。

社区调查表明，2000年64.1%的项目村有卫生所，比上年增加6.5个百分点。有合格卫生员的村占84.8%，与上年相比变化不大。有合格接生员的村占57.6%，比上年提高3.2个百分点。另据个人调查，5岁以下儿童免疫率从1999年的89.5%上升到94.3%。

表1.5　　卫生状况主要指标

指　　标	项目村		非项目村	
	1999年	2000年	1999年	2000年
1. 有卫生所的村的比重（%）	57.6	64.1	69.0	79.3
2. 有乡村医生的村的比重（%）	84.8	84.8	87.9	86.0
3. 有合格接生员村的比重（%）	54.4	57.6	48.3	57.9
4. 5岁以下儿童免疫率（%）	89.5	94.3	94.3	94.7

1.4 项目覆盖率、针对性及项目影响

1.4.1 覆盖率

至2000年年底西部项目各子项目在两省区都已全面推开，西部项目覆盖到了大多数项目村。其中甘肃项目村的项目覆盖率和到户的扶贫资金强度较大。

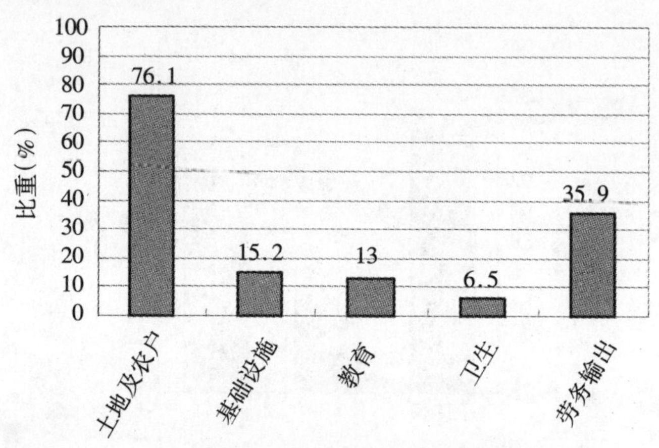

图1.6 扶贫项目的村级覆盖率（%）

村级覆盖率：两省区项目村合计，参加过扶贫项目的村比重为84.8%，其中报告参加过西部项目的村比重为72.8%。参加过各子项目的村的比重见图1.6。按参加的子项目个数分的村级覆盖率见图1.7。

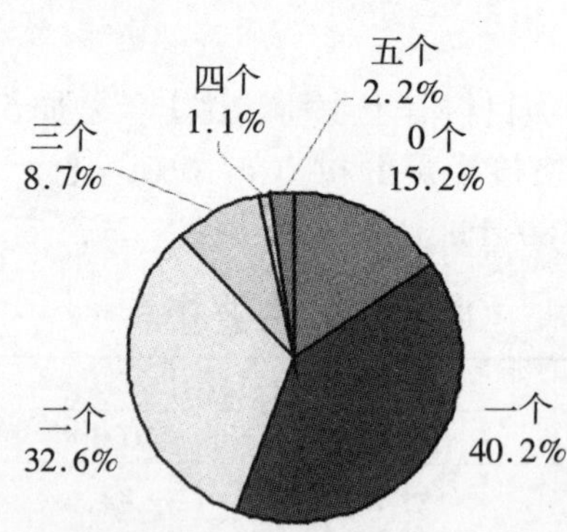

图1.7 按参加扶贫子项目个数分的村比重（%）

分省看，内蒙古和甘肃分别有82%和88%的村在过去两年中参加过扶贫项目，但村一级报告参加过西部项目的比重内蒙古比甘肃高，两省区分别为76%和69%。按参加子项目个数分，内蒙古有较多（54%）的村参加过一个子项目，甘肃有较多的村（47.6%）参加过两个子项目。另外甘肃有64%的村参加劳务输出活动，其中31%的村报告参加过西部项目的劳务输出活动。

农户覆盖率：参加过一个以上项目的农户比重分别是内蒙古47%和甘肃53%。

户均扶贫资金数额：户均得到土地与农户发展子项目的贷款额分别是内蒙古440元和甘肃506元。

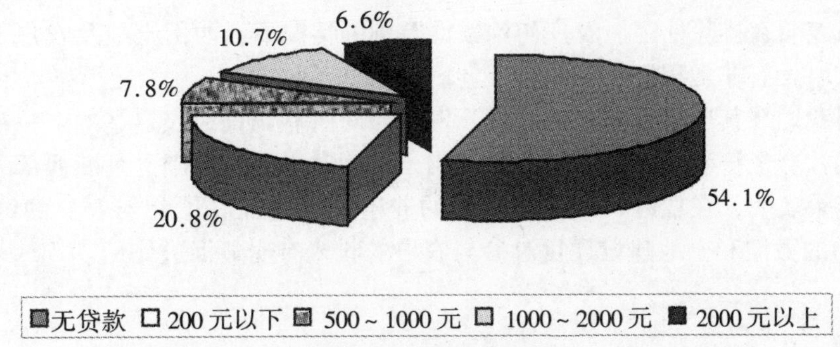

图 1.8 按扶贫贷款强度分的项目村农户比重

1.4.2 针对性

项目针对性较好，得到贷款的农户的人均纯收入大多数在1000元左右，其中内蒙古项目村中贫困户得到贷款的比例和强度明显高于非贫困户。

从1999年和2000年两年的调查结果看，西部项目区，无论是项目村还是非项目村，大多数社会经济指标都要远远低于全国平均水平和相应的省份，同时项目村又要明显差于非项目村，因而，西部项目是一个有很强区域针对性的扶贫项目。

从农户的选择看，参加两年项目活动的农户以中低收入农户居多，其中内蒙古项目区，无论是1999年还是2000年，贫困农户参与项目的比重明显超过非贫困农户。

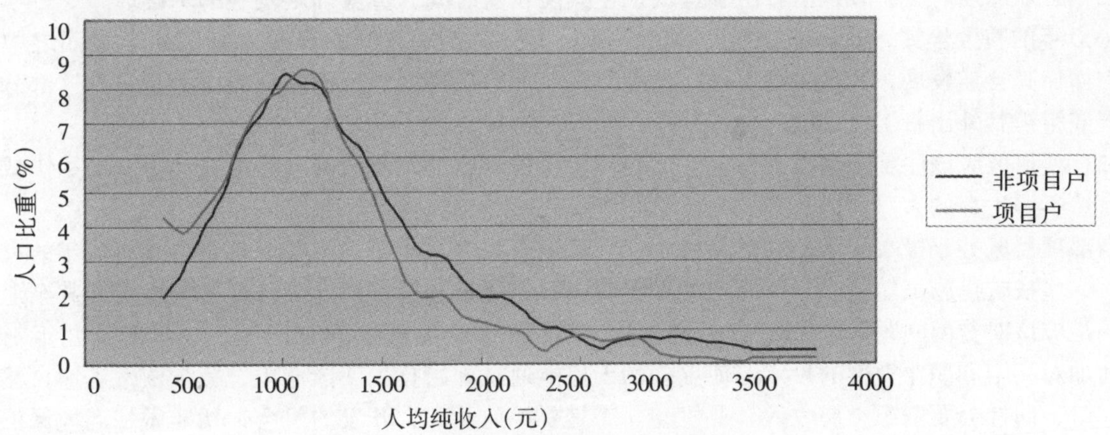

图 1.9 项目户与非项目户收入分布

1.4.3 项目影响

调查显示西部项目促进了项目村基础设施建设，对减轻农户收入滑坡和阻止项目村贫困程度加重产生了初步的作用。主要表现在：

(1) 项目村贫困程度变化要略好于非项目村。在2000年严重干旱的情况下，无论是项目村还是非项目村贫困程度都加剧了，但是项目村贫困指数的上升幅度要小于非项目村。

(2) 在其他扶贫项目在社区建设方面对西部项目村有排他性的情况下，项目村社区建设方面的明显进展即能表明西部项目的很大成效。

(3) 回归结果表明在排除社区、农户初始条件差别的情况下，西部土地及农户子项目对参加该子项目的农户的纯收入增长有非常积极的影响。

回归方法使得我们在其他扶贫项目的农户开发方面对所有调查村农户基本上一视同仁的假设下，充分剥离不同的自然社会经济基础对调查对象的影响，在相对平等的基础上判断西部项目对农户收入增长率的影响。回归结果表明，在甘肃，1999 年开始的养殖业项目提高了参与农户的纯收入水平。而在内蒙古，1999 年开始的微灌和土地建设项目对参与农户的收入有明显促进作用。

1.5 结论与建议

(1) 在最初的两年里，西部项目的实施取得了初步的成功。主要表现在：

第一，项目村的选择是成功的，扶贫工作的重点放在了更为贫困的地区。从 1999 年基期调查结果看，无论是从广义贫困看，还是从狭义贫困看，西部扶贫世行贷款项目区项目村的贫困程度要明显大于非项目村。

第二，项目活动已全面地、实质性地推开。至 2000 年底已有 4/5 以上的项目村和约一半的农户参加过一次以上项目活动。

第三，扶贫活动已显示出一定的成效。甘肃项目村贫困发生率有明显下降，项目村其他贫困指数的年度变化也优于非项目村。同时项目村在人均纯收入、人均粮食生产量以及其他主要社会、经济指标上的变化也优于非项目村同类指标的变化情况。回归分析结果也表明，在排除其他因素影响的条件下，西部养殖业、土地及微灌项目活动对参与农户的人均纯收入起到了明显的促进作用。

(2) 必须加强对受灾农户的救济和援助，使其能在短时间内重新确定发展的基础。

2000 年的特大旱灾，使一部分本已脱贫、具备了一定发展基础的农户重新深陷于贫困之中，这部分农户如让其自然发展，其贫困状况可能会持续几年而难以摆脱。因而应该集中力量帮助这部分农户恢复生产或组织其外出打工增加收入，使其能尽快再次摆脱贫困。

(3) 项目区应该注重长远发展目标，加强环境保护，通过教育扶贫和促进劳动力流动尽快减少依赖本地自然资源生存的人口。

西部项目区处于极端恶劣的自然环境中，自然灾害频繁，多年的脱贫成果常常被一两年的灾害毁于一旦。一些扶贫措施虽然使农户暂时增加部分收入，但从长远看不能解决该地区发展缓慢甚至退步的问题。一是应该对贫困问题采取釜底抽薪的做法，勒紧腰带，先解决教育问题，尽早普及九年制义务教育，增加对高中和职业教育的投入，使更多的人口能通过外出打工逐渐迁出，减少依赖本地自然资源生存的人口，向社会要资源、要收入、要机会。二是要抓住西部大开发的机会，切实做好环境保护，提升本地生态水平，防止严重自然灾害的发生，使本地区有一个长远的平稳发展的环境。

(4) 要严格执行项目农户选择标准，以便保证在未来几年中仍选择最穷的农户参加项目。

虽然从总体上看，西部项目的针对性较好，但项目农户中也包括了一部分经济条件相对较好的农户，特别是在甘肃项目区，在过去两年中，项目农户的平均经济状况要好于非项目农户。西部项目是一个以大幅度降低项目区贫困程度为目标的政府扶贫项目，必须以贫困农户为重点扶持对象。虽然，从还贷能力、承担项目能力等角度考虑，难以包括无劳力的最贫困农户，但也应该严格限制经济状况较好的农户得到贷款。在选择项目农户时，应严格执行贫困农户优先的原则，从而更快地降低项目区的贫困程度。

第 2 章　西部项目区社会经济发展状况

调查、了解项目区村级基础设施及教育、卫生状况，以及农户收支、生产、消费等经济状况是贫困监测的主要内容。通过对甘肃、内蒙古二省区项目区 92 个项目村和 58 个非项目村进行的跟踪调查，2000 年项目区农村基础建设有明显进展，教育、卫生条件有所改善，同时农户的收入水平也进一步提高。

2.1　基础设施

2.1.1　供电

2000 年，在调查的 150 个村中，通电的行政村有 139 个。其中：项目村通电的比例比上年同期提高 1.1 个百分点，非项目村通电比例比上年提高 1.7 个百分点。目前，尚有 5.4%的项目村和 6.9%的非项目村没有通电。

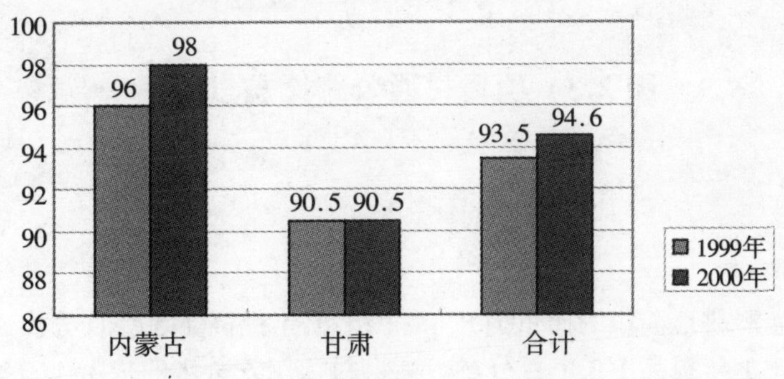

图 2.1　项目村通电的比重（%）

2.1.2　通讯

2000 年，在所调查的二省区项目村中，通电话的比例为 42.4%，比上年同期提高 10.9 个百分点，非项目村通电话比例为 55.2%，比上年同期提高 5.2 个百分点。其中，甘肃项目村通电话的比例比上年提高 16.7%个百分点，内蒙古项目村通电话的比例比上年提高 6 个百分点。

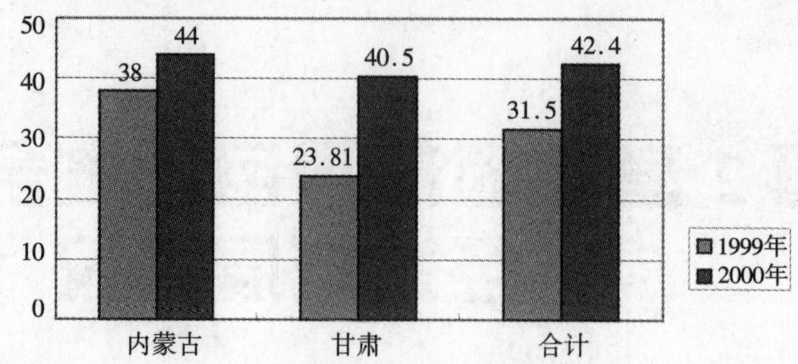

图 2.2 项目村通电话比重（%）

2.1.3 交通

2000 年，在所调查的村中，项目村通公路的比例为 87%，比上年同期提高 1.1 个百分点，非项目村通公路比例为 86.2%，比上年同期提高 6.9 个百分点。

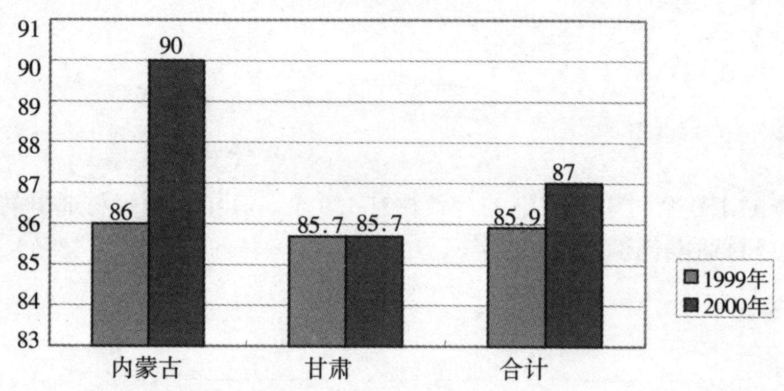

图 2.3 项目村通公路比重（%）

2.1.4 供水

2000 年，项目村可灌溉耕地面积的比重为 8.4%，比上年提高 1.5 个百分点，非项目村可灌溉耕地面积的比重为 14.5%，比上年提高 1.3 个百分点。项目村饮用安全水的户占 47%，比上年提高 3.1 个百分点，非项目村饮用安全水的户比重为 54.1%，比上年提高 6.5 个百分点。另外，项目村农户取用饮用水的距离和时间都有非常明显的减少，取水距离在 100 米以内的农户比重由上年的 66.8% 上升到 71.8%，取水时间在半小时以内的户占 82%，比上年增加 7 个百分点。

2.2 文化教育

2.2.1 小学

2000年，在所调查的村中，91.3%的项目村有小学，93%的非项目村有小学，均比上年有所下降，主要是个别地方的小学校进行撤校、并校。然而项目村教学条件有所改善，教室面积增加，危房面积减少。

2.2.2 教师及学生

2000年，所调查的项目村合格教师的比重由1999年的86.9%提高到91%，已高于同期非项目村合格教师比重89.8%。教师中，女教师的比重达到26.9%，比上年上升近3个百分点，在合格教师中女教师的比重也有所上升，从1999年的22.3%上升到25.7%。分省看，2000年内蒙古项目村有合格教师98.4%，而甘肃远低于内蒙古，教师合格率仅为78.9%。

2.2.3 学龄儿童入学率

2000年，甘肃、内蒙古项目区儿童入学率比上年有所提高，在被调查的7~15岁学龄儿童中，项目村有87.7%的儿童在校学习，虽还低于非项目村的89%，但已比上年提高了2.4个百分点。分年龄分性别组看，7~12岁男童入学率最高，达到92.4%，女童为90.4%，13~15岁女童的入学率较低为75.6%，而男童为85%。与上年同期相比，高年龄组儿童入学率提高较快，13~15岁女童在校的为75.6%，比上年提高7个百分点，13~15岁男童的入学率为85%，也比上年增加了7个百分点。

表2.1 学龄儿童入学率（%）

指标	二省区项目村		2000年	
	1999年	2000年	甘肃项目村	内蒙古项目村
7~12岁儿童入学率				
男童	92.6	92.4	94.8	90.6
女童	89.5	90.4	95.4	86.1
13~15岁儿童入学率				
男童	77.9	85.0	90.3	81.2
女童	68.5	75.6	84.1	66.7

2.2.4 15岁儿童小学完学率

2000年，甘肃、内蒙古项目区学龄儿童的完学率比上年有所提高。在15岁学龄儿童中，项目村有67.9%读完小学，比1999年提高4个百分点；其中男童有70%读完小学，女童有65.8%读完小学。相比之下，非项目村有89.5%的15岁儿童读完了小学，其比率远高于项目村。分省看，内蒙古项目村15岁儿童小学完学率最高达84.5%，而甘肃项目村仅为55.4%，特别是15岁女童完学率只有50%，但比1999年的33.3%已有了较大的改观。

2.3 医疗卫生

2.3.1 卫生设施

2000年，在所调查的村中，项目村有卫生所的村占64.1%，比上年的57.6%提高6.5个百分点，非项目村有卫生所的比例为79.3%，比上年提高10.3个百分点。

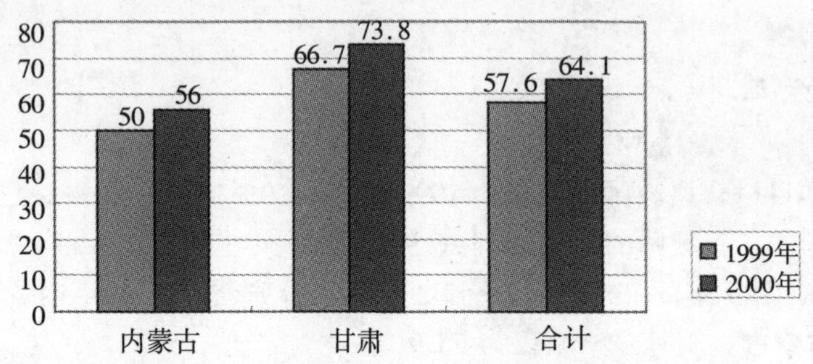

图2.4 项目村有卫生所的比重（%）

2.3.2 合格卫生员及接生员

项目村有合格卫生员的村占84.8%，与上年相比变化不大。有合格接生员的村由1999年的54.4%提高到57.6%，比上年提高3.2个百分点。同时非项目村有合格接生员的村比重由48.3%提高到57.9%。

2.3.3 5岁以下儿童免疫率

2000年，项目村5岁以下儿童免疫率比1999年明显上升，由89.5%提高到94.3%，而非项目村与上年同期相比没有明显变化。

2.4 农户收入

2.4.1 总收入

总收入是农户年内从各种来源得到的全部收入。2000年内蒙古、甘肃两省区项目村农村居民人均总收入1605元，比1999年增加53.4元，增长3.4%，非项目村人均总收入1800元，比上年增加91元，增长5.3%，同期非项目村比项目村增幅快1.9个百分点。

2.4.2 纯收入

农户纯收入是总收入扣除相应的各项费用性支出后，归农户所有的收入。2000年，两省项目村农户人均纯收入为982.8元，比上年增加26.9元，增长2.8%。非项目村农户的人均纯收入为1157.3元，比上年增加48.9元，增长4.4%，项目村的农民纯收入增幅较非项目村低1.6个百分点。

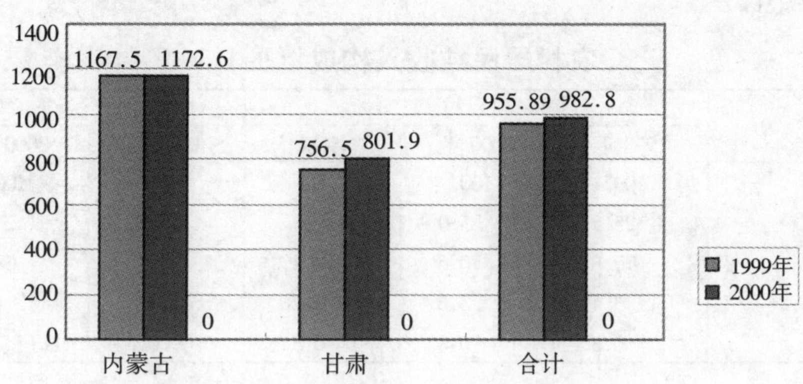

图2.5 项目村人均纯收入（元）

分省看，2000年内蒙古项目村农户人均纯收入为1172.6元，比上年增长0.4%，非项目村农村居民人均纯收入为1360元，比上年增长9.3%。甘肃项目村农村居民人均纯收入为801.9元，与上年同期相比增长6%，非项目村的农民人均纯收入是977.6元，比上年下降1.1%，其项目村的增幅远高于非项目村。

表2.2　　农户人均收入增长情况　　单位：元/%

指　标	2000年（元）		2000年比1999年增长%		项目村2000年比1999年增长%	
	项目村	非项目村	项目村	非项目村	内蒙古	甘肃
一、全年总收入	1605.0	1800.0	3.4	5.3	5.2	0.1
二、全年纯收入	982.8	1157.3	2.8	4.4	0.4	6.0
其中：工资性收入	246.0	314.6	0.9	9.2	4.9	-2.2
家庭经营收入	694.2	797.0	2.5	2.4	1.2	4.8
转移性收入	35.0	33.5	7.3	-12.0	-56.6	82.3

2.4.3 家庭经营收入

在农户纯收入中，2000年项目村农户人均家庭经营纯收入694元，与1999年相比增加17元，增长2.5%。同期非项目村农户人均家庭经营纯收入797元，比上年同期增长2.4%。项目村农户家庭经营纯收入增幅与非项目村基本持平。

农户家庭经营收入的主要来源是种植业和牧业，2000年内蒙古、甘肃二省区项目村农户家庭经营种植业总收入为710元，比上年减少0.7%，非项目村人均802元，比上年同期减少2.9%；而牧业收入与上年相比增长较多，项目村人均为410元，增长14.7%，非项目村牧业收入比上年增长15.1%。从分省资料看，内蒙古项目村农村居民牧业收入增幅较大，人均增长26.7%，而甘肃项目村主要是种植业收入增长较快，人均比上年同期增长7.6%，但牧业收入下降较多。

2.4.4 工资性收入

工资性收入是农村居民在集体组织工作或在企业、个人或其他单位务工所得到的收入。2000年甘肃、内蒙古项目村人均工资性收入为246元，与1999年相比略增0.8%，其占纯收入的比重为24.4%，与上年相比变化不大。非项目村的人均工资性收入314.6元，比上年增加26.5元，增长9.2%，在纯收入中所占比重提高2个百分点。

表2.3　　农村居民纯收入构成（%）

指　标	项目村			非项目村		
	1999年	2000年	增减	1999年	2000年	增减
纯收入	100	100	–	100	100	–
1. 工资性收入	25.5	25.0	–0.5	26.1	27.2	1.1
2. 家庭经营收入	70.8	70.6	–0.2	70.2	68.9	–1.3
3. 转移性收入	3.4	3.6	0.2	3.4	1.0	–2.4
4. 财产性收入	0.3	0.8	0.5	0.3	2.9	2.6

2.5 生产

2.5.1 生产量

2000年项目村农村居民人均粮食生产量444公斤，比上年同期增长2.8%；同期非项目村居民人均粮食生产量452公斤，比上年减少4.7%。从分省情况看，内蒙古项目村人均粮食产量571.5公斤，比上年减少3.7%。甘肃项目村农民人均粮食产量为322.8公斤，与上年相比有较大幅度的增长，增长15.6%。

从其他产品的情况看，2000年项目村农户人均生产蔬菜74.8公斤，比上年增长7.2%。非项目村的人均蔬菜生产量为128.1公斤，比上年同期增长25.1%。项目村人均畜禽生产量38.4公斤，比1999年增长7.9%，非项目村人均畜禽生产量38.2公斤，比上年增长3.5%。

2.5.2 出售量

2000年项目村农民人均出售粮食73.5公斤，比上年增长20.8%；出售蔬菜46.4公斤，比上年同期增长9.2%；人均出售畜禽21.8公斤，比上年增长36.3%。虽然项目村出售各类农产品的数量有较大幅度增长，但由于主要农产品价格下滑，出售收入增长不多。调查数据表明，2000年项目村农民出售主要农产品中，粮食和蔬菜的每公斤价格分别为1.16元和0.39元，分别是1999年价格的85.3%和79.6%。

表 2.4　农户人均农产品生产量和出售量　单位：公斤/%

指　标	项目村			非项目村		
	1999年	2000年	增减（%）	1999年	2000年	增减（%）
粮食：生产量	431.9	444.2	2.8	474.4	451.6	－4.9
出售量	60.8	73.5	20.9	80.9	81.3	0.4
蔬菜：生产量	69.8	74.8	7.2	102.4	128.1	25.1
出售量	42.5	46.4	9.2	74.3	80.7	8.6
畜禽：生产量	35.6	38.4	7.9	36.9	38.2	3.5
出售量	16.0	21.8	36.3	16.6	21.1	27.1

2.6　生活消费

2.6.1　生活消费支出

调查数据表明，2000年甘肃、内蒙古二省区项目村农户人均生活消费支出962.2元，比1999年增加21.4元，增长2.3%；同期非项目村人均生活消费支出1012.8元，增长2.4%。从分省情况来看，甘肃项目村人均生活消费支出为770.1元，比上年同期下降5.3%；内蒙古项目村人均生活消费支出1163.8元，同比上年增长速度8.2%。

表 2.5　人均生活消费支出（元）

指　标	2000年		2000年比1999年增长%		项目村2000年比1999年增长%	
	项目村	非项目村	项目村	非项目村	甘肃	内蒙古
生活消费支出	962.15	1012.82	2.3	2.4	－5.3	8.2
1. 食品	521.00	536.05	－6.4	－5.3	－6.9	－6.0
2. 衣着	72.79	74.98	－12.6	－15.6	－15.5	－10.8
3. 居住	106.75	111.67	41.1	43.7	27.2	54.4
4. 家庭设备	30.40	31.98	35.9	39.4	5.6	76.4
5. 医疗保健	57.63	52.86	－12.7	－23.2	－27.2	5.3
6. 交通通讯	47.44	46.00	98.3	97.8	－22.3	186.3
7. 文教娱乐	105.96	135.72	6.8	4.2	8.6	5.9
8. 其他	20.18	23.56	57.7	103.6	－11.1	120.9

2.6.2　食品消费

从食品消费支出情况看，2000年甘肃、内蒙古项目村农民人均食品消费额521元，比上年减少6.4%。而非项目村农户的食品支出为536.1元，比上年减少5.3%。

表 2.6　人均食物消费量（公斤）

指　标	1999年		2000年		2000年比1999年增长（%）	
	项目村	非项目村	项目村	非项目村	项目村	非项目村
粮食	241.36	256.93	217.14	235.51	－10.0	－8.3
蔬菜	44.16	47.20	33.26	47.58	－24.7	0.8
食用油	7.69	8.05	6.30	6.88	－18.1	－14.5
肉禽类	16.54	15.08	13.20	11.90	－20.0	－21.1
蛋类	1.98	2.11	1.49	1.82	－24.7	－13.7
瓜果品	10.75	12.64	8.89	11.57	－17.3	－7.0

从食物消费量来看，2000年项目村农村居民几种主要食物消费量减少较多，其中，人均消费粮食217公斤，比1999年减少10%，消费蔬菜33.3公斤，减少24.7%，消费肉禽类13.2公斤，减少20%。

2.6.3 住房支出

2000年项目村农户的生活消费支出各项中，居住支出的增幅居首位。居住支出包括住房、电费、燃料等方面的支出。农户人均居住支出106.8元，比1999年增长27.2%，其占生活消费支出的比重由1999年的8.0%上升到11.1%。年末项目村人均住房面积为13.2平方米，人均比上年增加0.4平方米，居住条件有所改善。

2.6.4 文化娱乐用品及服务支出

2000年，二省区项目村农户人均文化娱乐用品及服务支出106元，比上年增长8.6%；同期非项目村人均文化娱乐用品及服务支出比上年增长5.9%。

2.7 储蓄借贷

2000年甘肃、内蒙古二省区项目村农户借贷款人均311.4元，其中现金298.7元。按借贷款来源分，从亲友处借款162.6元，银行和信用社一般贷款93.1元，国家和地方专项扶贫资金36.1元，外资贷款9.8元。

2.8 小结

2000年，随着西部项目的推开，西部项目村基础设施和教育、卫生等基本社会服务改善，通电、通公路、通电话、有安全饮用水、有卫生所和合格卫生人员的村比重均有不同程度的上升，儿童入学率提高，成人文盲率下降。

但是，由于2000年影响西部项目区经济形势的因素非常复杂：一方面，特大干旱严重影响了项目区的农业生产，特别是以种植业为主的低收入农户深受打击。另一方面，牧业生产成本下降，牧业生产有所回升，加上部分牧民遭受干旱和雪灾后提前出售禽畜使得其当年牧业收入增加，另外一部分农户通过调整生产结构（如种植土豆等）提高了收入。在各种因素的影响下，不同农户的收入和支出、生产和消费呈现出不同的变化态势。项目村平均人均纯收入和人均生活消费支出有所增加，但有一半的农牧户收入下降，主要是以灌溉条件较差且以玉米、小麦等产品为主的低收入人口，平均食品、衣着等基本生活消费支出也为下降趋势。在甘肃，由于住房、交通、文化娱乐等方面支出的增加额小于食品、衣着等支出减少额，生活消费支出呈下降趋势，而在内蒙古，由于住房、交通、文化娱乐支出增加额大于衣、食等基本消费的减少额，消费支出呈增加趋势。

第3章 贫困程度和贫困影响因素分析

在列举了西部扶贫世行贷款项目区社会、经济发展的各个方面后，对于扶贫工作与贫困监测，人们通常仍然要问：贫困人口怎么分布？贫困是否得到缓解？是什么在影响贫困程度？本章就是要在1400多个指标详细的农户记账调查及对村级和个人指标入户访问的基础上对上述问题进行评估与研究。

3.1 贫困概念

3.1.1 什么是贫困

这是在确定贫困程度并对其变化进行评估之前首先要搞清的问题。

世界各国研究贫困问题，有多种测量贫困的方法和众多的贫困线，它们都有一个共同的特征，即贫困就是人们的生活水平达不到一种社会可接受的最低生活标准。从不同的范围和角度加以区分，贫困可划分为绝对贫困和相对贫困，狭义贫困和广义贫困。

(1) 绝对贫困与相对贫困。绝对贫困又叫生存贫困，是指在一定的社会方式和生活方式下，个人或家庭所得不能维持基本生存需求的状况。绝对贫困的特征是：①在生产方面，贫困人口或贫困户缺乏扩大再生产的物质基础，甚至难以维持简单再生产；②在消费方面，贫困人口或贫困户未能满足衣食住行等人类基本生存需要，生活得不到温饱，劳动力本身再生产难以维持。

相对贫困是比较而言的贫困，一方面是指随着不同时期的不同生产方式和生活方式的变化而产生的贫困标准的变化；另一方面，同一时期的比较是指社会成员之间、地区之间的差异，即生活水平最低的部分人口或地区称之为相对贫困或相对贫困地区。

由于西部扶贫世行贷款项目区扶贫工作的主攻方向是绝对贫困，各个子项目均围绕为贫困地区的贫困人口创造基本生存条件而展开。因而，绝对贫困也是西部贫困监测体系监测与评估的主要目标。

(2) 狭义贫困与广义贫困。狭义贫困仅指经济意义上的贫困，反映维持生活与简单再生产的最低标准，广义贫困是指在经济意义之外，还包括社会方面的因素，如人口平均预期寿命、文化程度、婴儿死亡率、社会保障和环境等方面的状况。对于个人或家庭来说，经济意义上的贫困可以在其生存活动中的每时每刻反映出来，而其他方面的差别，如婴儿死亡率等是在一定的社会时期或家庭生活的某一阶段才能反映出来，因此对于个人或家庭来说，贫困主要是狭义贫困。而对于不同国家或不同的地区来说，贫困的内容则要广泛得多，因而，对国家或地区而言，贫困主要是指广义的贫困。由于经济水平和社会发展水平是相互影响、相互制约的，社会发展水平主要取决于经济发展水平，因而，经济意义的贫困，即狭义的贫困也是贫困的最主要的内容。

为了客观地、量化地评价贫困区域农户和个人的贫困程度及变化情况以及扶贫工作的成效，本章选择了狭义的绝对贫困作为评估对象。

3.1.2 基本生存需求

基本生存需求是绝对贫困的核心问题，是指在一定的社会环境下个人或家庭维持生命正常活动所必须的消费需求。一个连基本消费需求都不能满足的人和家庭很难进行扩大再生产，因此基本生存需求中不包括扩大再生产的费用，它只包括最基本食品消费需求和最低限度的非食物消费需求。为了维持生命和劳动力的简单再生产，人每天摄取能满足其必须营养标准的食物，否则会由于营养不良而过早地结束生命过程，因此基本生存需要中要包括最基本的食物需求；除了吃饭以外，在现代社会中人们要维持正常的活动，还必须消费一定的衣着、住房、医疗及其他社会服务，因此基本生存需要中还包括最低限度的非食品消费需求。如果把满足基本生存需求的费用定义为贫困线，用 Z 表示；把满足食品消费需求的费用定义为食物贫困线，用 ZF 表示，把满足非食品消费需求的费用定义为非食物贫困线，用 NF 表示，则：

贫困线 = 食物贫困线 + 非食物贫困线

即：$Z = ZF + NF$

3.1.3 必需的营养标准

必需的营养标准是确定食物贫困线的基础。究竟每人每天要摄取多少热量为维持生命和正常活动所需的营养标准？由于受多种因素的影响，各个国家或地区有一定的差别。国际上通常把每天每人 1800 大卡热量作为满足生存的极限标准。中国营养学会认为，我国人口正常的日热量摄入量为 2400 大卡，生存极限不得少于 2000 大卡。综合国际和国内的最低营养标准和以往确定贫困线的经验，我们采用 2100 大卡作为西部地区农村人口的必需的营养标准。

3.2 贫困线的测定

3.2.1 测定方法

测定贫困线的方法有很多种，如食品能量法、最低收入比例法、问卷调查法、恩格尔系数法和食物份额法等。根据国家统计局对贫困问题的多年研究与确定贫困线的实践经验，我们在这里选择一种比较而言最为客观的方法，即世界银行马丁·雷布林先生计算贫困线的方法来确定 2000 年贫困线。

2000 年贫困线的计算过程是这样的：

(1) 选择最低热量标准。根据营养学家的意见选择最低热量标准，即每人每日 2100 大卡。

(2) 选择能达到最低热量标准的食物结构与食物数量。利用调查数据计算贫困区中低收入人口维持生存最低营养标准的实际食物消费结构与食物数量，即平均食物清单。各省区低收入的 2/3 的人口作为低收入人口。

(3) 结合调查得到的相应的价格水平，计算出最低食品费用支出，即食物贫困线。我们把所调查的上百种食物分为 13 大类 29 个项目，并确定其类平均价格 P。由于项目区贫困农户的粮食、蔬菜、猪肉及蛋类主要是自己生产的，因而采用出售价格计算，其他消费的食物一部分是自己生产的，一部分是通过各种渠道购进的，按出售和购买的混合平均价计算。这些价格都取自低收入组的农户的价格。

(4) 计算非食物贫困线。在一定的消费水平下，肯定有很多种基本食物与非食物支出的组合，也有很多种基本食物和非食物的替换方式，即使是总消费支出低于按传统饮食方式满足营养需求所需要的支出的贫困住户，也肯定会在非食物商品上有一些花费。问题是这些典型的贫困户会允许以多大水平的非食物支出来代替食物支出？我们不能从众多的贫困户中人为的选择，但我们可以考虑利用回归模型等计量方法，把一些刚好有能力达到营养需要的住户（即收入或消费正好达到食物贫困线的农户）的有代表性的最低非食物支出计算出来，因为，一个靠牺牲基本食物需求用以获取少量的非食物商品的住户，肯定是不得已的，其获取的非食物商品是维持必须和正常的活动必不可少的。因此，把这部分非食物支出作为非食物贫困线①。

（5）确定贫困线。食物贫困线加上非食物贫困线，就是我们所要判断的农户的贫困线。

3.2.2　贫困线测定结果

由于西部两省区扶贫世行贷款项目区市场价格以及食物消费结构差异较大，我们为两省区的项目区分别确定贫困线。

2000年内蒙古和甘肃的食物贫困线分别是490元和379元。根据回归结果计算的非食物贫困线分别是144元和111元，因而2000年项目区的贫困线分别是内蒙古634元和甘肃490元。

在生活消费结构变化不大的年份，贫困线也可以根据相邻年份的贫困线与物价指数计算得到。1999年贫困线是由三省2000年农村居民食品消费价格指数逆推而成（贫困人口的主要消费内容为食物），西部项目区贫困线分别为内蒙古654元和甘肃498元。

表3.1　　西部项目区贫困标准（元/人年）

地　区	1999年	2000年
内蒙古	654	634
甘　肃	498	490

3.3　贫困程度及变化

有了贫困线，利用农户消费水平或收入水平，就可以进行贫困广度与深度的测量。以消费支出衡量的贫困比较稳定，可排除因暂时性因素如疾病、气候等造成的临时性贫困。以收入衡量的贫困对影响收入的因子比较敏感，因而可以较好地反映扶贫项目的效果。但是单独以消费或收入衡量贫困都有一定的缺陷，会把一部分扶贫的对象排除在外，也会把一部分不应该扶贫的对象包括在扶贫项目中，如有的农户当年收入虽然较低，但是由于有一定的储蓄存在，仍然能维持较高生活水准，这样的农户不应该是扶贫的对象，而有的农户当年收入稍高于贫困线，但消费低于贫困线，收入也很不稳定，这样的农户应该是扶贫的对象。所以，我们用收入与消费双重条件同时衡量农户是否贫困。如果农户的人均纯收入或人均生活消费的一个指标低于贫困线，同时另一个指标低于1.5倍贫困线，这样的农户视为贫困农户。

测量贫困程度的指数有很多，但常用的有三种，即贫困人口比重指数，贫困深度指数和贫困强度指数。

① 首先建立食物支出需求函数F（I）。根据实践经验，为了计算方便，设定函数的形式为：Si = a + blog（Xi/Zf）
其中：Si是食物支出占总支出的比重。
Xi是各住户总消费支出或人均纯收入，我们在这里用人均消费支出加以计算。
ZF是食物贫困线。
a是截距，表示消费支出刚好等于食物贫困线时，其食物支出的比重，b是log函数。

3.3.1 贫困人口比重指数

贫困人口比重指数，也叫贫困发生率，是最简单的测量贫困的方法，它是以消费水平或收入水平低于贫困线的人口所占总人口的比例形式表示的。我们采用上述双重条件衡量的贫困人口所占总人口的比例形式表示。

假设对于人口总数 N 中有 Q 个人是穷人,那么贫困人口比重指数就是:

$$H = Q/N$$

根据2000年对15个扶贫县的调查结果，西部项目村的贫困发生率为22.9%，其非项目村的贫困发生率为19.9%。详细结果见表3.2。

和1999年相比，项目村贫困发生率增加了0.7个百分点，非项目村上升了1.9个百分点。

从贫困发生率，我们可以很直观地看到有多少人脱贫了，有多少人仍留在贫困中。但是，它不能反映贫困线以下的穷人贫困状况，无论贫困人口是在贫困线附近还是远离贫困线，只要不越过贫困线，贫困发生率都不会改变。因此贫困发生率只能简单地评价扶贫工作的成果，而不能全面客观地反映贫困程度和贫困缓解情况。如果仅使用贫困发生率指标测量贫困，在扶贫资源一定的情况下，只要将有限的资源分配给较富的贫困人口（指贫困线附近的贫困人口，相反，较穷的贫困人口指收入远低于贫困线的人口），或者说只要把扶贫工作重点定为那些在贫困线附近，最有希望脱贫的人口，贫困状况即能有显著的改善。显然这与政府实现农村人口全面脱贫的目标是不相符合的。

表3.2　　　　贫困人口比重指数（%）

地　区	1999年	2000年
合　计：项目村	22.2	22.9
非项目村	18.0	19.9
内蒙古：项目村	16.7	19.4
非项目村	14.9	18.4
甘　肃：项目村	27.4	26.3
非项目村	20.7	21.3

3.3.2 贫困深度指数

贫困深度指数，又叫贫困差距指数，用 PG 表示，是基于贫困人口相对于贫困线的累加距离的基础上的，贫困深度指数的计算公式如下：

$$PG = \sum_{i=1}^{n}(1 - Yi/Z)/N$$

其中：Yi 为第 i 个穷人的消费水平或收入水平，Z 为贫困线，N 为测量总体人口。这里，我们使用收入差距指数。

2000年项目村贫困深度指数6.2%，非项目村5.8%。与1999年相比，项目村贫困深度指数上升1.4个百分点，非项目村上升了2.5个百分点。详见表3.3。

在贫困发生率一定的情况下，PG越大，则说明贫困人口的平均收入或消费水平偏离贫困线越远，也就是贫困程度越大。从扶贫工作角度讲，我们理应关注那些贫困深度指数较大的贫困地区或贫困家庭，即关注那些更穷的地方。如果贫困发生率没有改变，但是由于更穷的穷人变成了较富的穷人，直接提高了穷人的平均收入而使得 PG 下降，实际上是减轻了贫困程度。可见，贫困深度指数在一定程度上感受到了贫困线以下人口的贫困程度。但是，贫困深度指数对所有贫困线以下贫困人口收入的变化是一视同仁的，而我们扶贫工作的重点之中的重点应该是那些最最贫困的人口。所以应该有一种指数来重点反映最最贫困人口的贫困程度的改变。

表 3.3　　贫困深度指数（%）

地　区		1999 年	2000 年
合　计：	项目村	4.8	6.2
	非项目村	3.3	5.8
内蒙古：	项目村	4.1	6.7
	非项目村	3.7	6.4
甘　肃：	项目村	5.4	5.7
	非项目村	2.9	5.3

3.3.3　贫困强度指数

贫困强度指数用 *FGT* 或 *P*2 表示，它是建立在穷人相对于贫困线的距离基础上的，只不过对越穷的人给予越大的权数，以计算贫困程度。计算公式是：

$$P2 = \sum_{i-1}^{n}(1 - Yi/Z)^2/N$$

经计算，2000 年项目村与非项目村贫困强度指数分别为 3.8%和 3.6%。与 1999 年相比，贫困强度指数分别上升了 1.5 个百分点和 2.2 个百分点。

表 3.4　　贫困强度指数（%）

地　区		1999 年	2000 年
合　计：	项目村	2.3	3.8
	非项目村	1.4	3.6
内蒙古：	项目村	2.5	4.2
	非项目村	2.0	4.1
甘　肃：	项目村	2.1	3.4
	非项目村	1.0	3.1

3.3.4　粮食贫困发生率

对于尚没有解决基本温饱问题的贫困人口来说，粮食是重要的生产和消费内容，因而人均粮食生产量和人均粮食消费量也常用来衡量贫困程度。西部项目区粮食贫困发生率再次证实了项目区的极度贫困。表 3.5 是人均粮食生产量衡量的粮食贫困发生率。

表 3.5　　粮食贫困发生率

地　区		1999 年	2000 年
合　计：	项目村	11.9	11.7
	非项目村	10.8	14.5
内蒙古：	项目村	2.4	5.2
	非项目村	3.5	15.3
甘　肃：	项目村	21.1	18.1
	非项目村	17.2	13.9

3.4 贫困影响因素和贫困特征

采用贫困分解的方法，可以对贫困测量指数进行分解，以发现影响贫困的因素以及贫困农户的特征。根据对全国贫困研究的经验，很多因素对贫困有明显的影响，如地势、交通、家庭人口规模、家庭结构类型、劳动力就业结构以及劳动力的文化程度等等。

(1) 按地势分解：山区、丘陵贫困程度比较严重。

表 3.6　　贫困分解：按地势分

地区	地势	粮食贫困发生率	贫困发生率	贫困深度指数	贫困强度指数
内蒙古	平原	2.50%	7.08%	1.79%	0.74%
	丘陵	2.99%	17.40%	2.11%	0.63%
甘　肃	平坝	12.25%	18.37%	2.66%	0.39%
	山区	19.64%	24.82%	4.96%	2.01%

(2) 按距离分：离县城、乡镇、集市、车站等较远的村比较贫困。

表 3.7　　贫困分解：按距离分

地区	离县城距离	粮食贫困发生率	贫困发生率	贫困深度指数	贫困强度指数
内蒙古	5~10 公里	3.15%	6.02%	0.00%	0.00%
	10~20 公里	5.32%	15.97%	1.70%	0.50%
	20 公里以上	2.46%	17.77%	2.50%	0.78%
甘　肃	2~5 公里	14.44%	13.89%	4.30%	1.91%
	5~10 公里	51.27%	2.12%	0.00%	0.00%
	10~20 公里	8.71%	25.95%	3.24%	0.94%
	20 公里以上	18.45%	27.95%	5.95%	2.47%
地区	离乡镇距离	粮食贫困发生率	贫困发生率	贫困深度指数	贫困强度指数
内蒙古	2 公里以内	1.41%	10.01%	1.03%	0.23%
	2~5 公里	2.16%	15.10%	1.32%	0.49%
	5~10 公里	3.14%	14.64%	1.37%	0.33%
	10~20 公里	6.78%	34.15%	7.65%	2.52%
甘　肃	2 公里以内	27.80%	21.43%	6.91%	3.26%
	2~5 公里	18.21%	22.40%	4.81%	2.06%
	5~10 公里	19.46%	25.95%	4.11%	1.42%
	10~20 公里	8.02%	33.49%	3.88%	1.10%
	20 公里以上	20.62%	42.27%	8.14%	3.06%
地区	离集市距离	粮食贫困发生率	贫困发生率	贫困深度指数	贫困强度指数
内蒙古	2 公里以内	0.93%	7.72%	0.65%	0.14%
	2~5 公里	2.40%	23.09%	2.36%	0.91%
	5~10 公里	3.05%	15.46%	1.04%	0.26%
	10~20 公里	3.80%	21.65%	3.28%	1.14%
	20 公里以上	3.76%	16.01%	2.67%	0.75%
甘　肃	2 公里以内	30.00%	28.70%	10.93%	5.45%
	2~5 公里	19.13%	21.92%	4.62%	1.98%

续表

地区	离集市距离	粮食贫困发生率	贫困发生率	贫困深度指数	贫困强度指数
甘 肃	5～10公里	17.73%	25.97%	3.84%	1.35%
	10～20公里	14.66%	22.82%	3.73%	1.09%
	20公里以上	32.81%	40.63%	8.94%	3.67%
地区	离车站距离	粮食贫困发生率	贫困发生率	贫困深度指数	贫困强度指数
内蒙古	2公里以内	3.57%	9.55%	1.41%	0.42%
	2～5公里		16.34%	1.74%	0.50%
	5～10公里	6.98%	32.56%	1.76%	0.46%
	10～20公里	4.07%	12.79%	0.92%	0.36%
	20公里以上	2.51%	15.87%	2.79%	0.90%
甘 肃	2公里以内	8.33%	24.78%	4.79%	2.29%
	2～5公里	18.95%	24.84%	6.29%	2.75%
	5～10公里	18.49%	24.71%	2.06%	0.62%
	10～20公里	28.18%	7.05%	2.85%	1.25%
	20公里以上	22.48%	34.02%	6.49%	2.25%

（3）按基础设施条件分：不通公路、不通电、不通电话的村贫困状况更为严重。

表3.8　　贫困分解：按基础设施条件分

地区	通公路	粮食贫困发生率	贫困发生率	贫困深度指数	贫困强度指数
内蒙古	是	2.41%	13.32%	1.96%	0.60%
	否	4.99%	29.02%	2.30%	0.70%
甘 肃	是	19.27%	24.98%	4.34%	1.63%
	否	21.25%	23.04%	8.81%	4.36%
地区	通电	粮食贫困发生率	贫困发生率	贫困深度指数	贫困强度指数
内蒙古	是	2.96%	15.06%	1.93%	0.60%
	否		43.52%	4.42%	1.19%
甘 肃	是	20.22%	24.02%	4.29%	1.62%
	否	13.81%	30.66%	10.32%	5.05%
地区	通电话	粮食贫困发生率	贫困发生率	贫困深度指数	贫困强度指数
内蒙古	是	2.26%	11.21%	0.72%	0.16%
	否	3.30%	19.64%	2.99%	0.97%
甘 肃	是	20.41%	22.80%	4.94%	1.94%
	否	19.10%	25.69%	4.93%	2.01%

（4）按民族分：少数民族中有更多的赤贫人口。在西部扶贫世行贷款项目区的总人口中，少数民族人口中贫困的比重要明显高于汉族。

表3.9　　贫困分解：按民族分

地区	少数民族村	粮食贫困发生率	贫困发生率	贫困深度指数	贫困强度指数
内蒙古	是	7.16%	25.47%	5.87%	1.79%
	否	2.08%	14.35%	1.33%	0.41%
甘 肃	是	24.53%	60.38%	11.97%	5.54%
	否	19.29%	22.97%	4.59%	1.82%

（5）按户别分：干部户的贫困程度较轻。

表 3.10　　贫困分解：按户别分

地区	户别	粮食贫困发生率	贫困发生率	贫困深度指数	贫困强度指数
内蒙古	干部户	1.05%	10.14%	0.48%	0.13%
	普通户	2.97%	16.77%	2.12%	0.64%
甘　肃	干部户	21.52%	17.71%	1.93%	0.51%
	普通户	19.16%	27.05%	5.68%	2.36%

（6）按家庭结构分：家庭人口过多、劳动力负担系数高易陷入贫困。

表 3.11　　贫困分解：按家庭结构分

地区	家庭结构	粮食贫困发生率	贫困发生率	贫困深度指数	贫困强度指数
内蒙古	单身及夫妇	2.94%	11.77%	1.48%	0.74%
	夫妇与两个孩子	3.20%	9.60%	0.98%	0.22%
	夫妇与三个及以上孩子	1.81%	16.86%	1.36%	0.40%
	单亲与孩子	6.25%	24.19%	4.23%	1.13%
	三代同堂	2.25%	16.36%	3.35%	1.33%
甘　肃	夫妇与一个孩子	9.01%	18.03%	5.39%	2.32%
	夫妇与两个孩子	19.81%	19.15%	4.31%	2.00%
	夫妇与三个及以上孩子	23.28%	19.84%	3.18%	1.14%
	三代同堂	19.07%	29.80%	5.70%	2.20%
	其　他	19.66%	26.50%	4.55%	2.17%

（7）按劳动力最高文化程度分解：文盲组和小学组贫困状况让人担忧。

表 3.12　　贫困分解：按劳动力最高文化程度分

地区	劳动力最高文化程度	粮食贫困发生率	贫困发生率	贫困深度指数	贫困强度指数
内蒙古	高中	1.93%	12.71%	1.52%	0.54%
	初中	2.54%	15.42%	1.99%	0.59%
	小学	6.64%	29.15%	3.57%	1.08%
甘　肃	高中	24.92%	23.38%	3.58%	1.25%
	初中	19.52%	20.98%	4.56%	1.87%
	小学	18.10%	32.86%	6.39%	2.55%
	文盲	7.14%	28.57%	7.32%	3.60%

（8）劳动力流动：家中有外出打工的人员贫困程度明显得到缓解。

表 3.13　　贫困分解：按劳动力流动分

地区	是否有劳动力外出	粮食贫困发生率	贫困发生率	贫困深度指数	贫困强度指数
内蒙古	是	2.99%	13.43%	1.34%	0.38%
	否	2.83%	16.51%	2.14%	0.66%
甘　肃	是	27.67%	12.65%	1.70%	0.57%
	否	15.20%	31.16%	6.65%	2.75%

3.5　结论

(1) 项目村选择是成功的。从基期年和2000年两年调查结果看，无论是内蒙古还是甘肃，项目村的贫困程度指数均高于非项目村，这样在各自的省区内，项目村的选择是成功的，针对了较为贫困的村落。

(2) 要密切关注因灾返贫人口。2000年西部地区由于遭受了历史上罕见的旱灾，农户返贫严重，特别是内蒙古项目区深受其害。虽然，由于牧业生产回升、毛绒价格上升以及农业结构调整等因素使得一些农牧户的收入增加较快，从而使两省区项目村的人均纯收入在2000年呈增长趋势，但是，由于许多以农业为主的调查户收入受到严重影响，贫困发生率增加，而且，由于一部分农户粮食等主要农产品绝收，其收入出现大额负数，导致以收入衡量的贫困深度和贫困强度急剧上升。因灾重新陷入赤贫的农户应及时给予救济，使其重新确立发展的基础。

(3) 要重视做好西部项目中配套的教育和卫生项目。从贫困因素分解表中，我们不难发现，目前的贫困人口多分布在山区，贫困程度与劳动力素质和劳动力就业结构相关性较强，文化程度较低或家庭外出劳动力少，最容易成为贫困户；家庭人口多，特别是老人和孩子多的住户贫困程度也较高。因此，向贫困开战应该注重下列措施：①加强农村教育工作，提高农民文化素质；②鼓励农民外出打工，加速小农分化，加速劳动力流动；③加强贫困地区的计划生育工作，促进农民的观念更新，尽量控制家庭人口规模。

第 4 章　扶贫项目的覆盖率、针对性与初步效果评估

2000 年 12 月，西部贫困监测与评估系统在西部扶贫世行贷款项目区贫困监测调查网点上进行了扶贫项目调查。调查内容为 1999 年和 2000 年两年调查村及农户各种类型扶贫项目的起始时间、规模、贷款与补贴的数额和来源。调查对象为 2000 年参加项目贫困监测 92 个项目村和 920 个项目村的农户。调查采用调查员到村入户访问方式收集数据。调查的扶贫项目共分为 8 大类，31 小类，涉及到西部项目的 5 个子项目。

8 大类分别是：

（1）种植业　（2）养殖业　（3）林果业

（4）其他生产　（5）土地及基础设施　（6）教育

（7）卫生　（8）劳务输出

5 个子项目分别是：

（1）土地及农户发展子项目①　（2）农村基础设施建设子项目

（3）教育子项目②　（4）卫生子项目

（5）劳务输出子项目

4.1　扶贫项目覆盖率

4.1.1　村级覆盖率

村级覆盖率是指参与扶贫项目的村占总调查村的比重。据调查，在 92 个项目村中，从 1999 年以来已有 78 个村参加过一次以上扶贫项目活动，有 67 个村报告参加过世行项目，参加比重为 85%。分省看，在所调查的 50 个内蒙古项目村和 42 个甘肃项目村中，分别有 82% 和 88% 参加过扶贫项目，其中两省区分别有 76% 和 69% 参加过西部项目③。

分子项目看，有 76% 的项目村参加过各种资金来源的土地及农户发展扶贫活动，15% 参加过基础设施建设扶贫活动，13% 参加过教育扶贫活动，7% 参加过卫生扶贫活动，36% 参加过劳务输出扶贫活动。其中参加过西部项目的农户和土地发展、基础设施建设和劳务输出子项目的项目村分别有 69%、11% 和 21%。

---

①　土地及农户发展子项目包括了种植业、养殖业、林果业及其他贷款直接到户的项目活动，如小额信贷、坡改梯、微型灌溉等。

②　调查的教育子项目活动只包括新建和改建校舍、培训教师和对贫困学生的教育资助。调查的卫生子项目活动只包括村级卫生室建设、卫生员和接生员培训以及合作医疗基金建设。

③　本报告对西部项目和其他扶贫项目的划分是根据被调查人的回答及调查员对项目的了解而定。由于西部项目的国内配套资金支持的项目活动的名称在各地区有所不同，因此，关于全部扶贫项目的数据可能更有意义。

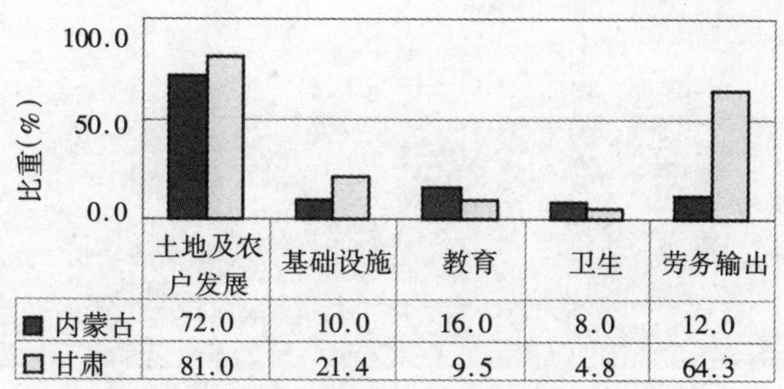

图 4.1 扶贫项目的村级覆盖率（%）

按参与扶贫项目子项目个数分，截止到2000年年底，有40%项目村只参加过1个子项目，33%项目村参加过2个子项目，9%参加过3个子项目，1%参加过4个子项目，2%参加过5个子项目。

分省看，甘肃项目村级覆盖率要高一些，其中覆盖两个以上子项目的村的比重也要高一些。

表 4.1 1999～2000年西部项目村按扶贫子项目分的村级覆盖率（%）

子项目类型	来源	内蒙古	甘肃	合计
土地与农户发展	扶贫项目	72.0	81.0	76.1
	西部项目	72.0	64.3	68.5
基础设施	扶贫项目	10.0	21.4	15.2
	西部项目	8.0	14.3	10.9
教育	扶贫项目	16.0	9.5	13.0
	西部项目	0.0	9.5	4.3
卫生	扶贫项目	8.0	4.8	6.5
	西部项目	4.0	2.4	3.3
劳务输出	扶贫项目	12.0	64.3	35.9
	西部项目	0.0	31.0	14.1

表 4.2 1999～2000年西部项目村按参与扶贫子项目个数分的村级覆盖率（%）

参与子项目个数	内蒙古	甘肃	合计
无项目	18.0	11.9	15.2
1个子项目	54.0	23.8	40.2
2个子项目	20.0	47.6	32.6
3个子项目	8.0	9.5	8.7
4个子项目	0.0	2.4	1.1
5个子项目	0.0	4.8	2.2

4.1.2 农户覆盖率

农户覆盖率指的是参与到户的扶贫项目的农户占总户数的比重。根据农户调查结果，项目区农户得到的扶贫资金主要用于农业生产，如发展种植业、养殖业、林果业、坡改梯、微灌工程、供水等土地与农户发展项目。1999年和2000年两年中，项目村920个调查户中有587户次参加过各种来源的土地与农户发展扶贫项目，其中，内蒙古355户次，甘肃232户次。从西部项目看，项目村共有453户次参加过西部土地及农户发展子项目，其中内蒙古项目村315户次，甘肃项目村138户次。

调查结果还显示，西部项目村农户中，已有一半的农户参加过一次以上扶贫项目，其中1/3强的农户参加过西部项目。

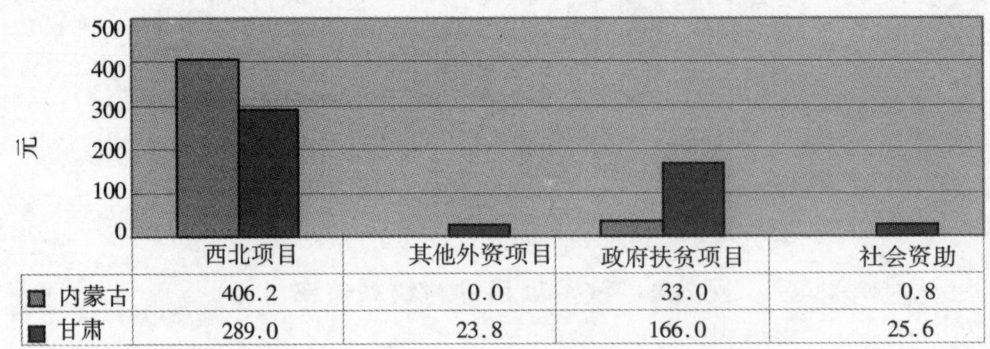

图 4.2　按来源分户均获得扶贫资金（元）

表 4.3　　1999～2000 年西部项目村扶贫项目农户覆盖率（%）

项目分类	内蒙古	甘肃	合计
全部项目	47.0	53.1	49.8
其中：西部项目	45.4	31.7	39.1
其他外资项目	0.0	0.2	0.1
政府扶贫项目	7.8	21.9	14.2
社会资助	6.0	2.4	4.3

4.1.3　扶贫资金强度

在过去两年中，西部项目村农户平均每户得到 470 元扶贫款，内蒙古 440 元，甘肃 506 元。另外，调查发现，在甘肃项目村，一部分通过西部项目输出的劳动力得到了劳务输出补贴。按资金强度分的农户的比重见表 4.4。

表 4.4　　1999～2000 年西部项目村按得到资金强度分的农户比重（%）

资金强度分类	全部项目			西部项目		
	合计	内蒙古	甘肃	合计	内蒙古	甘肃
没有扶贫资金	54.1	55.2	52.9	64.6	56.8	73.8
1～199 元	13.7	16.0	11.0	10.0	14.8	4.3
200～499 元	7.1	4.4	10.2	7.0	8.2	5.5
500～999 元	7.8	8.4	7.1	4.2	4.4	4.0
1000～1999 元	10.7	9.8	11.7	8.6	9.6	7.4
>=2000 元	6.6	6.2	7.1	5.7	6.2	5.0

4.2　扶贫项目对贫困人口的针对性

扶贫项目的目标是要改善贫困农户的生活水平，因而扶贫项目的对象应该是贫困农户，但是，扶贫项目与扶贫救济的实施对象有所区别。可以说，越穷的农户越应该是优先救济的对象，而扶贫项目在越穷越优先的前提下，还应该考虑农户的还贷能力。因而，如果得到项目贷款的农户大多数是尚未稳定脱贫的农户，即使部分没有执行项目能力的最贫困的农户没有得到项目，这个项目也将被认为是针对性很强的扶贫项目。如果项目只考虑还贷能力，选择了经济状况较好的农户，或者没有对贫困农户给予优先考虑，则被认为项目的针对性不强。反映在统计数据上，在按有没有项目分类后，如果选择的项目农户的主要经济指标（通常是人均纯收入）要高于无项目的农户，则项目的针对性较差；在选择的项目农户的平均经济指标低于非项目农户的情况下，则要看项目农户的收入分布，如果项目农户大多数是贫困线附近或贫困线以下的农户，则针对性较好，如果包括了一部分收入远高于贫困线的农户，则针对性要差一些。

4.2.1 区域针对性

西部项目区两年的贫困监测调查证实，和全国及各省区农村平均水平相比，西部项目区的经济状况恶劣，社会发展滞后，贫困人口集中，因而西部项目本身就是对贫困人口有很强的地区针对性的项目。在项目区内，调查显示项目村的状况又差于非项目村，从而证实了西部项目对项目村的成功选择，这种成功的选择从很大程度上保证了西部项目对贫困人口的针对性。

4.2.2 农户针对性

具体到项目村内部，内蒙古项目村中连续两年选择的项目农户针对性较好，西部项目农户的收入、消费支出水平均低于其他农户，而且贫困农户参与项目的比重以及得到的扶贫资金强度高于其他农户。在甘肃项目村，虽然项目农户的平均收支水平要明显低于内蒙古项目农户的水平，但在1999年项目农户的收入水平和消费均高于非项目农户，2000年有所改善，项目农户收入低于非项目农户，但消费水平仍略高于其他农户，同时，按贫困与非贫困分类时，我们也可以看出在甘肃项目村，贫困农户参与扶贫项目的比重和强度都要低于非贫困农户。

表4.5　　按扶贫项目参与情况分的农户收入和消费水平（元）

指标	扶贫项目参与情况	合计	内蒙古	甘肃
1999年人均纯收入	无项目	1072	1304	783
	西部项目	990	1031	909
	其他项目	732	556	748
2000年人均纯收入	无项目	1040	1167	882
	西部项目	1011	1121	793
	其他项目	849	1366	802
1999年人均消费支出	无项目	982	1132	795
	西部项目	995	1037	814
	其他项目	870	1428	820
2000年人均消费支出	无项目	1062	1281	789
	西部项目	1162	1228	831
	其他项目	1117	898	1137

表 4.6　　按扶贫资金强度和贫困状况分的农户比重（%）

资金强度分类	合计		内蒙古		甘肃	
	贫困农户	其他农户	贫困农户	其他农户	贫困农户	其他农户
2000 年：						
无扶贫资金	48.5	55.4	40.4	58.4	57.7	51.8
1～199 元	9.6	14.6	12.4	16.8	6.4	12.0
200～499 元	11.4	6.1	9.0	3.4	14.1	9.4
500～999 元	9.0	7.6	12.4	7.5	5.1	7.6
1000～1999 元	15.6	9.6	16.9	8.3	14.1	11.1
2000 元及以上	6.0	6.8	9.0	5.6	2.6	8.2
1999 年：						
无扶贫资金	48.7	55.6	39.0	58.4	55.9	51.8
1～199 元	18.7	12.4	18.3	15.6	18.9	8.1
200～499 元	5.7	7.4	3.7	4.5	7.2	11.3
500～999 元	7.8	7.8	15.9	6.9	1.8	9.1
1000～1999 元	11.9	10.3	9.8	9.8	13.5	11.0
2000 元及以上	7.3	6.5	13.4	4.8	2.7	8.7

4.3　西部项目效果初步评估

前几章从分项目村与非项目村平均数的角度，对农户的经济状况、社区及人口情况两年进行了对比分析，这些分析可以部分地反映项目村社会经济的变化情况，但还没有解决两个问题，即：(1) 低收入农户的状况是否得到了改善？(2) 西部项目的效果如何？

4.3.1　低收入农户收入的变化

贫困农户是西部扶贫项目和其他扶贫项目的对象。贫困农户的经济状况是否得到改善是贫困监测最关心的问题，也是最能衡量西部项目是否达到预期目标的标准。

图 4.3～图 4.6 是分省分项目村与非项目村农户两年收入分布图，其中横轴是人均纯收入，竖轴是人口累计比重。收入分布线向右偏移越多，意味着人均纯收入增加越多。分布线的下半部分是低收入人口的收入分布，农户收入越高，在分布线上的位置越高。

从收入分布情况看，在 2000 年遭受旱灾的情况下，在内蒙古和甘肃两省区，无论是项目村还是非项目村，收入最低的那部分农户都出现恶化倾向，其中内蒙古的这种倾向更为严重。

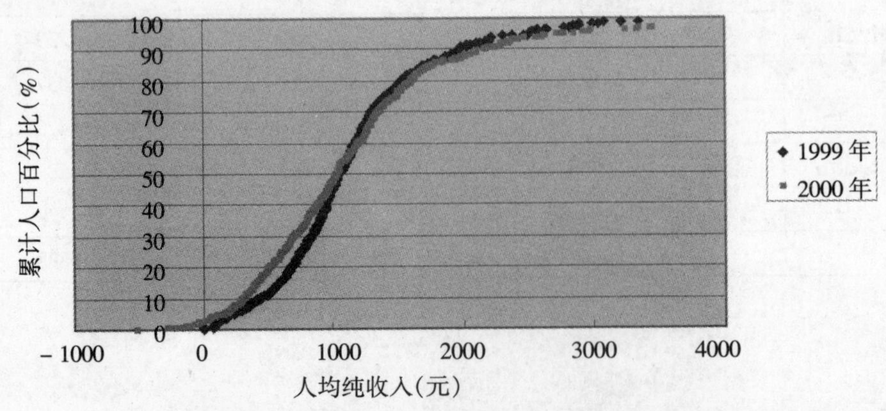

图 4.3　内蒙古项目村人均纯收入分布

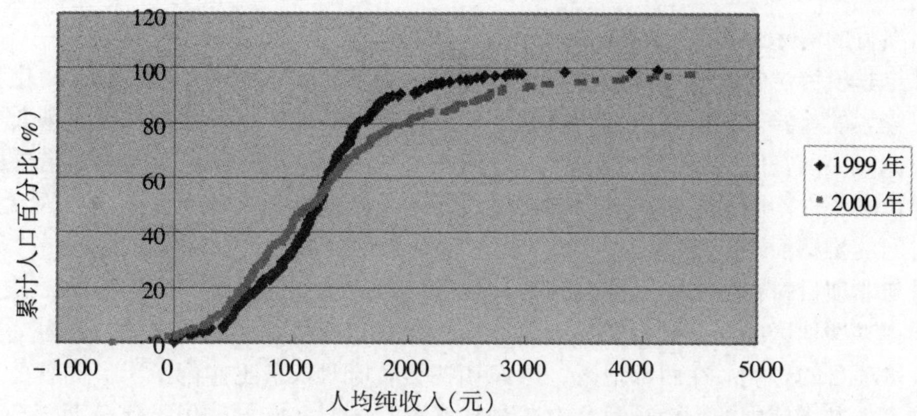

图4.4 内蒙古非项目村人均纯收入分布

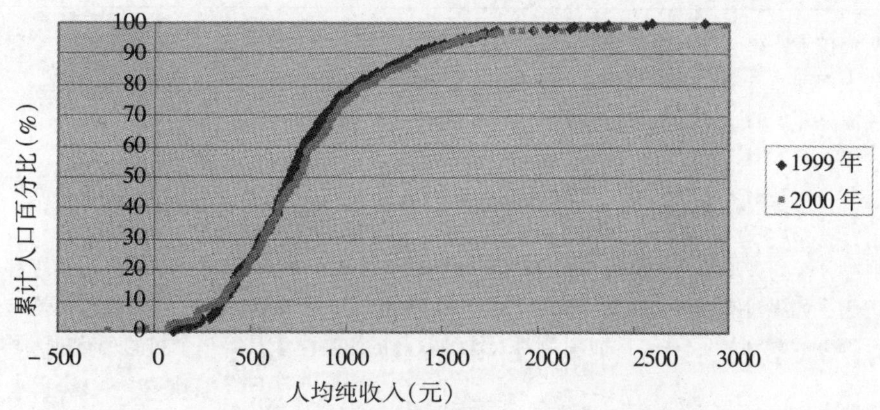

图4.5 甘肃项目村人均纯收入分布

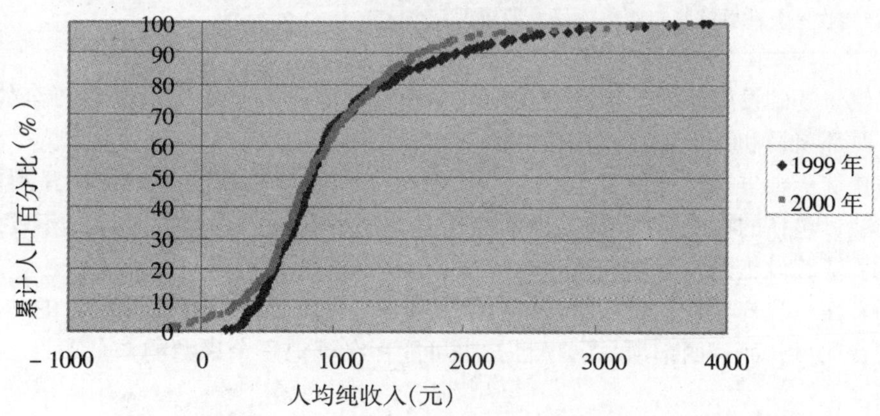

图4.6 甘肃非项目村人均纯收入分布

4.3.2 项目效果评估

4.3.2.1 问题的提出

从平均数分析以及收入分布情况分析看，似乎项目村农户或者说贫困农户的经济状况在过去一年中变得更差了，那么西部扶贫世行贷款项目到底有没有影响？影响有多大？

回答上述问题，首先要回答一个问题，就是：如何区分西部扶贫世行贷款项目的影响？

项目区是一个开放的系统，起码有三种因素使得以平均数甚至分布图反映的贫困程度及其改善程度很可能反映不出项目的实际影响：

(1) 项目村与非项目村的原有的自然（如地理环境，自然资源等）、社会因素（文化程度，卫生教育条件等）存在较大的差异。在没有项目的情况下，原有条件较差的村的发展速度一般都要低于条件较好的村，而且根据对中国贫困状况及扶贫工作成效的研究[①]，在没有政府或其他人为措施的情况下，自然条件差异使得自然条件不同的地区或人口的自然经济增长率差异越来越大，但社会因素造成的经济差异，则会随着时间的推移而逐渐缩小。

(2) 项目村与非项目村在过去两年中受到各种因素的影响（如受自然灾害的影响，扶贫项目政策的影响）也不相同；某些地区的局部的自然灾害将导致当年农户经济状况的后退。

(3) 其他扶贫项目的影响。在西部地区，国家和各级政府对扶贫工作都给予了高度的重视，利用世行贷款扶贫是许多扶贫措施中的一个项目，在各种扶贫项目同时实施的时候，区分西部项目的影响更为不易。

例一：假如有两个村子，第一个村自然条件很差，第二个村自然条件较好，西部项目在第一个村实施。在过去三年中，第一个村的人均纯收入增长 R1，而第二个村增长了 R2。

有可能出现 3 种情况即1.R1 > R2 如：R1 = 30%，R2 = 25%

2.R1 = R2 如：R1 = 30%，R2 = 30%

3.R1 < R2 如：R1 = 25%，R2 = 30%

或：R1 = 0，　　R2 = 30%

在第 1 第 2 种情况，村的人均纯收入将有力地说明项目的积极影响。但实际上，即使是在第 3 种情况也不能说明项目没有影响。因为，如果没有在第一个村中实施项目，该村由于越来越恶劣的自然环境，人均纯收入在过去三年中可能是另一个低得多的数字如 ± 5%。因而项目对人均纯收入的影响应该是第一个村的现有的人均纯收入增长率 R1 ± 5%。

例二：假如有两个村各种原有条件相差不大，按西部项目划分，有一个村是项目村，另一个是非项目村。但实际上，在项目村实施西部项目的同时，另一个村实施了类似的其他项目。或者，在项目村也重叠有其他项目，这样从两个村的平均人均纯收入上就更难判断西部项目的效果。

由于教育、卫生、基础设施建设子项目的实施（学费补贴除外）基本上以项目村全体村民为对象，在这些子项目上，西部项目和其他项目存在排他性（如利用西部项目在甲村新建了公路，一般就不可能再安排其他来源的扶贫资金进行同样的建设，而一个村如果没有学校或卫生室，而又不在西部项目之内，则被其他扶贫项目包括的可能性很大），因而在第二章利用村一级平均数进行的年度之间的对比分析已能说明西部项目基础设施建设方面的效果。

而在经济指标方面，农户项目在村一级可能存在重叠[②]，也就是不仅在西部项目的非项目村中存在其他资金来源的扶贫项目，而且西部项目的项目村也可能存在其他资金来源的扶贫项目，对西部项目效果的判断更为复杂。

本节采用回归分析的方法，试图对农户及村一级的期初因素加以控制，以便对西部项目影响进行较为客观的、初步的评估。

4.3.2.2　回归模型的建立

建立回归模型的主要目的是尽量排除其他因素（这些因素分为社区和住户两大类），以确定西部项目（主要是土地及农户子项目）对农户人均纯收入有没有显著影响。

采用下列方程式：

$$\log y_t = a + \sum b_i xc_i + \sum c_i xh_i + e$$

① ［Spatial Poverty Trap］Jyotsna Jalan & Martin Ravallion.

② 据了解，无论是项目村还是非项目村都同时有不同来源的扶贫项目存在。

其中：

$\log y_t$ 为2000年人均纯收入的对数。

xc 为调查村期初及变化指标，包括自然条件、社会条件和经济条件三种。

xh 为调查农户期初及变化指标。

xc_i 调查村特征指标：

是否西部项目村　　是否有可灌溉耕地　　本村能否接收电视节目

是否老区　　是否少数民族村

是否通公路　　是否通电　　是否通电话

与县城的距离　　与乡镇的距离

xh_i 调查户特征指标：

户别　　家庭类型

非劳动力在家庭人口中的比重　　家庭规模

劳动力参加非农生产的时间比重　　劳动力外出劳动的时间比重

家庭经营中牧业生产的比重　　家庭经营中种植业生产的比重

本户劳动力最高水平

1999年农户人均消费对数　　1999年农户人均固定资产原值对数

1999年农户人均固定资产原值对数　　1999年农户人均生产经营支出对数

1999年农户人均生产经营支出对数　　人均土地面积对数

扶贫项目参与情况

参照农户的特征是：

(1) 属于非项目村，不通车，不通电话，不通电，不能收到电视节目，调查村离最近的县城在2~5公里，距离乡镇在2~5公里，不是少数民族村，无灌溉耕地。

(2) 劳动力最高文化程度为小学，家庭类型为夫妇带一个小孩，普通农户，无任何扶贫项目。

4.3.2.3 回归结果及解释

由于内蒙古和甘肃两省区项目区差别较大，分别为其建立回归模型。模型结果如下：

(1) 村级特征与人均纯收入的关系。总的说来，离县城、乡镇较远、老区和少数民族村的收入较低，反之收入较高。通公路、通电、通电话与2000年人均纯收入出现了奇怪的负相关关系，这与该三项指标对1999年人均纯收入的影响方向完全不同，这并不是由于基础设施建设对收入有负影响，而是由于不通电、不通公路、不通电话的村牧业生产比重较大。2000年牧业形势较好，种植业遭遇重创是这种反常现象出现的原因。

(2) 住户特征与人均纯收入的关系。回归结果表明，在2000年大旱的特定条件下，无论是在内蒙古还是在甘肃，灌溉、牧业收入比重对农户纯收入均有较为显著的正影响，而种植业收入比重则与农户纯收入有较明显的负影响。另外，基期收入较高的农户、劳动力文化程度较高的农户、固定资产和生产投入较高的农户在2000年收入较高。而人口多、劳动力负担系数高的农户收入较低。在甘肃，劳动力外出打工对人均收入表现出明显的促进作用。而在内蒙古，家庭经营的非农业生产对收入有更为明显的促进作用。

(3) 扶贫项目对人均纯收入的作用。**回归结果表明，上年的牧业生产项目以及当年的种植业项目对2000年的人均纯收入有较为显著的促进作用**。在内蒙古1999年的微灌和土地建设项目对收入有明显的正影响。当年的牧业项目常对当年收入有负影响，可能是因为牧业生产的周期相对较长，当年投入较大、但当年没有收益所致。上年的种植业项目对当年的收入一般也没有促进作用，这与种植业项目的见效快，但效益期较短有关。其他项目活动由于样本数量较少，在统计上均没有表现出显著的结果。

4.4 小结

调查表明，西部扶贫项目的各项扶贫活动已全面展开，85%的项目村和约一半的农户参与了项目。项目针对性总的说来比较好，不仅表现在西部项目有较强的区域针对性，而且农户针对性也比较好。分省看，甘肃项目实施进度较快，到2000年底已参与项目的村和农户的比重较高，但内蒙古的农户针对性较好，项目农户经济状况比其他农户差，而且贫困农户参与项目的比重较高。

虽然2000年项目区总体经济形势比较严峻，但西部项目还是对改善项目区农村基础设施建设、阻止农户收入大幅度下滑、减缓贫困程度提高倾向起到了积极的作用。回归结果表明，在控制其他影响因素的情况下，1999年的养殖业项目和微灌及土地建设扶贫对农户人均纯收入有明显的促进作用。

表 4.7　　回归分析结果

影响因子	内蒙古			甘　肃		
	参数	参数为0的可能性		参数	参数为0的可能性	
截距	6.53	0.00	**	5.90	0.00	**
项目村	0.07	0.41		0.19	0.02	**
有灌溉耕地	0.16	0.04	**	0.17	0.02	**
通公路	-0.23	0.05	**	-0.19	0.11	
通电话	-0.27	0.00	**	0.23	0.00	**
通电	-0.29	0.06	*	0.12	0.40	
少数民族村	-0.23	0.07	*	-0.26	0.11	
离县城距离5~10公里	-0.63	0.00	**	0.01	0.90	
10~20公里	-0.75	0.00	**	0.22	0.16	
20公里以上	-0.91	0.00	**	-0.27	0.01	**
离乡镇距离在2公里以内	-0.13	0.29		0.22	0.02	**
5~10公里	-0.06	0.49		0.15	0.04	**
10~20公里	-0.06	0.49		-0.26	0.02	**
1999年人均消费支出的对数	0.12	0.17		0.16	0.01	**
1999年人均生产性固定资产对数	0.02	0.61		0.03	0.21	
1999年人均生产投入的对数	0.27	0.00	**	-0.06	0.22	
人均耕地面积的对数	-0.09	0.17		0.08	0.16	
户别：个体工商户				-0.52	0.00	**
干部户	-0.54	0.00	**	-0.03	0.64	
干部户和个体工商户	0.78	0.01	**	0.02	0.88	
家庭类型：单身或夫妇	0.54	0.00	**			
夫妇和两个孩子	0.06	0.50		0.14	0.34	
夫妇和三个孩子	0.12	0.31		-0.04	0.78	
单亲与孩子	-0.40	0.00	**			
三代同堂	-0.13	0.33		0.06	0.72	
其他户	0.19	0.29		0.43	0.05	**
住户规模	-0.11	0.00	**	-0.06	0.00	**
劳动力负担系数	0.02	0.88		-0.17	0.16	*
劳动力最高文化程度是文盲	0.00	1.00		-0.18	0.07	
初中	0.04	0.64		-0.03	0.67	
高中	0.21	0.04	**	0.00	0.96	
中专以上	0.25	0.18		0.31	0.09	*

续表

影响因子	内蒙古			甘肃		
	参数	参数为0的可能性		参数	参数为0的可能性	
非农业劳动时间比重	0.87	0.00	**	-0.13	0.43	
外出劳动时间比重	-0.61	0.04	**	1.17	0.00	**
牧业生产在家庭经营中的比重	0.15	0.51		-0.16	0.45	
种植业生产在家庭经营中的比重	-0.82	0.00	**	-0.35	0.02	**
参与1999年种植业扶贫活动	-0.30	0.00		-0.06	0.53	
参与1999年牧业扶贫活动	0.30	0.02	**	0.21	0.05	**
参与1999年林果业扶贫活动				-0.19	0.19	
参与1999年其他生产扶贫活动	-0.08	0.80				
参与1999年微灌土地建设扶贫活动	0.35	0.05	**	0.11	0.46	
参与1999年劳务输出扶贫活动				-0.28	0.21	
参与2000年种植业扶贫活动	0.23	0.20		0.12	0.23	
参与2000年牧业扶贫活动	-0.45	0.10		-2.11	0.00	**
参与2000年林果业扶贫活动				0.43	0.46	
参与2000年其他生产扶贫活动	0.34	0.21				

注：应变量：人均纯收入的对数。

F值：内蒙古 5.338　　甘肃 5.128

R^2：内蒙古 0.2421　　甘肃 0.3052

**：该因素对应变量有显著影响。

*：该因素对应变量有比较显著的影响。

CHAPTER 1 SUMMARY OF WESTERN POVERTY PROJECT MONITORING RESULTS

1.1 Introduction to Western Poverty Reduction Project

In order to relief and eliminate the poverty in western area, one of the poorest areas in China, Chinese government has been carrying out an integrated poverty reduction project, through using the World Bank loan since 1999. The Western Poverty Reduction Project (WPRP) would take place in 27 remote counties in Inner Mongolia Autonomous Region (15 counties) and Gansu Province (12 counties), all of which are national designed poor county in 8 ~ 7 plan. The project area covers 1.67 million populations of 364 thousand poor households. The main objective is to significantly reduce absolute poverty in the project counties, and to improve the living standards of poor rural household by increasing the grain and livestock production sufficient to meet the basic needs of food and clothing, establishing alternative income generation activities, improving rural infrastructure and enhancing access to basic social services such as health and education.

WPRP comprises following components.

(a) Land and household development. Provision of improved agricultural and livestock technology packages – seeds, fertilizer, insecticides, plastic mulches, breeding/fattening stock; forestry development; and upgrading agricultural and livestock support services.

(b) Irrigation and land improvement. Construction of small-scale irrigation works on 34050 hectares, terracing of 26500 hectares of sloping land and soil and water conservation works.

(c) Rural Infrastructure. Construction of 216 kilometers of Class Ⅲ and Ⅳ rural roads to provide access to 289 remote administrative villages; construction of drinking water supply facilities to serve 370000 people in 760 administrative villages; and extension of electric power lines to 410 administrative villages.

(d) Rural enterprise. Provision of credit to establish non-state owned and household-based rural enterprises for construction of food and fiber processing facilities based on agreed criteria.

(e) Labor mobility. Organized and voluntary placement of about 65700 surplus rural labors in off-farm employment in and out side Gansu and support to Gansu Provincial Labor Bureau to improve the management and referral service.

(f) Health. Upgrading services of selected basic health clinics.

(g) Institutional building and Project Management.

A poverty monitoring and evaluation system was set up as a part of components to reflect the poverty occurrence, evaluate the impacts of the project, and provide the relative information to decision-makers. This component will be implemented on the base of cooperation of the National Bureau of Statistics with the Leading Group of Poverty Reduction of the State Council, Inner Mongolia and Gansu. It will last 6 years from 1999 to 2004. Baseline survey was conducted at the end of 1999 and the sample covered by the baseline survey will be traced every year during 2000 ~ 2004. The objective of the component is to provide overall reliable poverty profile and related information, to measure and evaluate the impact of various project activities through the periodical sample survey in the project area.

1.2 Methodology of poverty monitoring and evaluation system of WPRP

1.2.1 Survey method

The National Bureau of Statistics adopts the scientific sampling method in the survey. The survey contents cover the major economic and social aspects of poor households and poor area. Data were collected through visiting interview as well as dairy-book keeping. The detail as follows:

1.2.1.1 Sampling method

Counties, villages and households were sampled by random start-points, symmetry systematic sampling method. The sample framework was built by sequencing net income per capita and by using populations as a supplementary index.

1.2.1.2 Survey range

The poverty monitoring and evaluation component will cover 15 counties sampled from the 27 project counties, of which 8 sample counties are from Inner Mongolia and 7 sample counties from Gansu. It includes the 150 villages selected from the counties, 1500 households from the selected villages and all individuals of the selected households. According to the sample program, 10 villages are selected from each county, of which 6 are project villages (PVs) and 4 are nonproject villages (NPVs), and 10 households from each village.

Following is the list of project counties:

Inner Mongolia: Guyang, Balinyouqi, Wennoudeqi, Taibushiqi, Shangdu, Cayouzhongqi, Siziwangqi, Huade;

Gansu: QinGansuhui, Gangu, Wushan, Mingxia, Wudu, Wenxia, Lixiax.

1.2.1.3 Survey contents

The survey includes four parts: (a) community survey which covered the condition of social service, such as education and health service, rural infrastructure, population, natural resources and other data of the village; (b) household survey which collected expenditure, income, nutrition, social security, household facilities etc. of households; (c) personal survey which collected demographics characteristics, employment, schooling, bearing and health etc. of individuals in the household; and (d) project activities survey which gathered the information about date, scale, amount of loan or subside each household got, and source of loan or subside of the project activities.

1.2.1.4 Data collection

Single interview was adopted in baseline survey. All information on village, household and individual level was gathered by the county survey team through visit. From the beginning of 2000, households survey was implemented on the base of daily-book kept by sampled households. The sampled households recorded every economic activity including sales, purchases, income and expenditure in cash and in kind. An assistant enumerator was employed for each sample village to prompt the households to record and help (usually once a week) those with little education. The raw data in daily-book were put into computer in the form of accounting pages, after having been checked by enumerators of the county survey team every month. The county team reported the data to national organization via the provincial organization twice a year. The survey period for household survey was from January to December of the year. Data on community, individual and project activities were collected in December through field visit both by county survey team members and the assistance enumerators.

1.2.1.5 Survey date

The baseline survey conducted during the period of Dec. 1999 – Feb. 2000. A tracing survey was conducted at the end of 2000. On the very base of the results of two years survey, *Poverty Monitoring Report 2000 for WPRP Area* was edited to reflect the initial natural, social, economic conditions of project area and provide the reliable bases for evaluation the poverty alleviation and project impact ahead. The tabulated survey data of 1999 and 2000 are append to the report. The data of 1999 attached here is a litter different from those attached in the 1999 report. The main reason is the Huade County of Inner Mongolia is put into sample instead of KuLun Banner. And in order to keep the same definition of income with new the national rural household survey program adopted since 2000, the income of 1999 of this report is changed a little.

1.2.2 Method of measuring poverty

1.2.2.1 Indicators

Using the core definition of poverty, the poor refer to those with income or consumption below the poverty threshold. Chapter 3 will measure and describe this type of the poverty using poverty headcount rate, poverty gap and weighted poverty gap.

In addition, poverty also means the shortage of resource, the backward of the social condition etc. In order to reflect the poverty in this context, the Poverty Monitoring and Evaluation Report for WPRP uses per capita net income and living expenditure as well as a set of other indicators (such as per capita grain production, rate of village accessible to rural infrastructure, enrollment rate of children etc.) to reflect the changes of living condition of households in project areas. In summary, 28 indicators would be adopted to reflect the poverty situation and living condition in 5 aspects. The detail will be given in Chapter 1 – 3.

1.2.2.2 Method of determining poverty threshold

The method used for determining poverty line for WPRP area is same as for national rural poverty criterion. It is also the same one recommended by the World Bank. The method is described as follow. (a) To select 2100 k-calories per day per person as the minimum nutrition need. (b) To determine the essential food expenditure (food expenditure) for maintaining the minimum nutrition need, on the base of the actual food composition and food price from the lower income group of project area. (c) To find the essential non-food expenditure through the regression model. The non – food expenditure of the households, whose total living expenditure is equal to food poverty line, is regarded as essential non-food expenditure, namely, the non-food poverty line. (d) Food poverty line plus non-food poverty line is the poverty line.

Since the market price and food consumption composition varied from province to province in WPRP areas, the poverty line is determined separately for the province and the autonomous region. Poverty lines of 2000 were determined through the methods described above. Poverty lines of other years are reached by multiplying food consumer price index and the poverty line of 2000.

Poverty Line of WPRP Area (yuan/per capita)

	Inner Mongolia	Gansu
2000	634	490
1999	654	498

1.2.3 Method of evaluating the impact of WPRP

As referenced by NPVs, changes of poverty degrees and living condition of PVs could reflect the impact of poverty reduction project to some extent. If the improvement of living condition of PV is larger than that of NPVs, or, the improvement of poor is larger than those non-poor, one may conclude that the poverty reduction project has positive impact. In fact, it is much complicated to differentiate the project impacts from other factors.

The project area is an open system. At least three factors make it difficult to reflect the actual impacts of the project by using the averages:

a. The big difference exists between PVs and NPVs in initial natural factors (geographic environment, natural resources etc.) and initial social factors (educational level, health conditions etc.) at the beginning of the project. The villages with inferior initial conditions have generally lower development speed than those with relatively better initial condition if without development project.

b. The big difference also exists between PVs and NPVs in the dynamic factors, such as natural disaster, anti - poverty policy in the past three years; the local disaster in some areas would lead to the backward of economic development there.

c. The impact of anti-poverty projects other than WPRP overlaps on the project area. Since all of the project counties in the WPRP are in the list of state poverty counties, the central as well as local governments pay great attention to the poverty alleviation in those counties. Various anti-poverty projects including WPRP have been implementing.

As to infrastructure construction and personnel training targeting at poor villages, it is usually exclusive, that is, if a village is included in the list of, for example, constructing a new road in WPRP, it usually would not be included in similar components in other poverty reduction projects. On the other hand, if a village without school or clinic is not included by WPRP, it is likely to be included in other projects. Therefore, it is reasonable to make a conclusion that WPRP has made great progress in rural infrastructure, such as power and water supplement, road, education and health facilities construction and personnel training, through the comparison of PVs between years and between the PVs and NPVs by using average village data.

In the land and farmer development and some other activities targeting at households, the various projects are overlapped. It means that the other anti-poverty projects exist in NPVs as well as in PVs. The survey finds that there are differences in loan management among provinces/counties. All poverty reduction activities in the WPRP project villages are called "Western Project " in some areas, while only part of poverty reduction project exactly supported by World Bank loan are called "Western Project" in other areas. The households or even the village heads in some areas are not able to define the WPRP from other projects. It makes differentiate the effects of WPRP much complicatedly.

Besides, the project implement is also a dynamic process. The competition of "Project households (PVs)" and the "Non-project households (NPVs)" begins from the different start point at different time. Firstly, the project implement department may select the relative poor households to participate the project continuously. This may make the income level of project households lower than that of non-project households each year. Secondly, the impact of project may show at different speeds. For example, it could predict that it is difficult to have instant impact for some project activities such as tree planting. Perhaps some activities may enlarge the production expenditure and then reduce the income in the year, and perhaps the activities may have sustainable impact lasting for several years. Thus it is a true challenge to differentiate the impact of the project from other factors.

This report will evaluate the project impact in following aspects: (a) comparing the averages of PVs and NPVs; (b) describing the changes of living conditions of the poors in project areas; (c) using regression method to evaluate the impact; and (d) analyzing the coverage, supporting scale and targeting of poverty reduction projects.

1.3 Poverty situation and its changes in WPRP project villages

In the year 2000, the PVs of WPRP effected by a series negative and positive factors: on one hand, due to the severer drought, the project areas surfer from very poor harvest of agricultural production. Some of the farmers harvest nothing at all, which leads to a large income dropping of those with bad irrigating condition and with wheat and corn as main products. On the other hand, the animal husbandry climbed out of the depression and the price of main products such as meat and wool rise again, and some farmers adjust their agricultural production structure and start to produce some products (e.g., potato) needed by the market. Meanwhile, as the implementation of poverty reduction project, some positive impact is emerging. In such a complicated case, there are no unique tendency of the changes of the poverty situation of the project area and living standard of households. The annual changes vary from province to province and may total different among the villages and groups near-by, depending on which factor is in dominate status.

1.3.1 Poverty incidences

Poverty headcount rate increased in IM PVs and dropped in GS PVs while the poorest group get worse in both provinces. On average, the poverty headcount rate of WPRP PVs rises from 22.2% in 1999 to 22.9% in 2000, In which, poverty headcount rate increases 2.7 percentage points in IM and drops 1.1 percentage points in GS. However due to agricultural production was ruined by the drought, some households fell into deep poverty again, the poverty gap and especially the weighted poverty gap become sharply rises.

Table 1.1 Poverty Incidence

Indice	Project village		Non-project village	
	1999	2000	1999	2000
Poverty headcount rate (%)	22.2	22.9	18.0	19.9
Poverty gap rate (%)	4.8	6.2	3.3	5.8
Weight poverty gap rate (%)	2.3	3.8	1.4	3.6

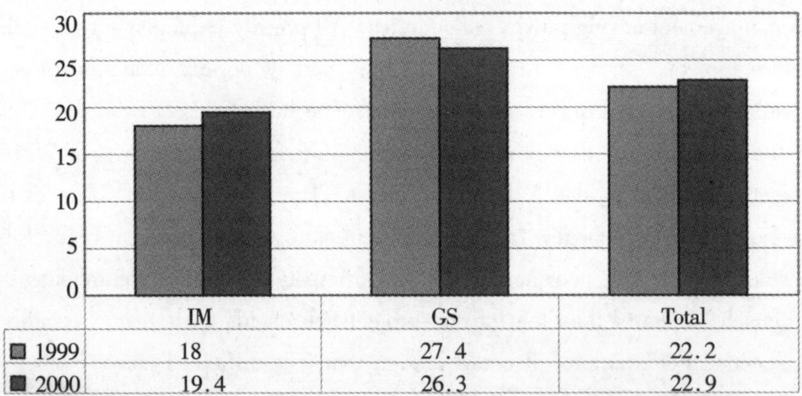

Figure 1.1 Poverty Headcount Rate of Project Villages (%)

1.3.2 Income

In 2000, average per capita net income is 983 yuan, increasing 2.8% on the base of 1999. However, about half of the households suffer from income dropping, of which 53% in Inner Mongolia PVs and 47% in Gansu PVs drop in income. Because the low-income households mainly engaged in crop planting, the drought is more harmful to low-income households than to middle and high-income households.

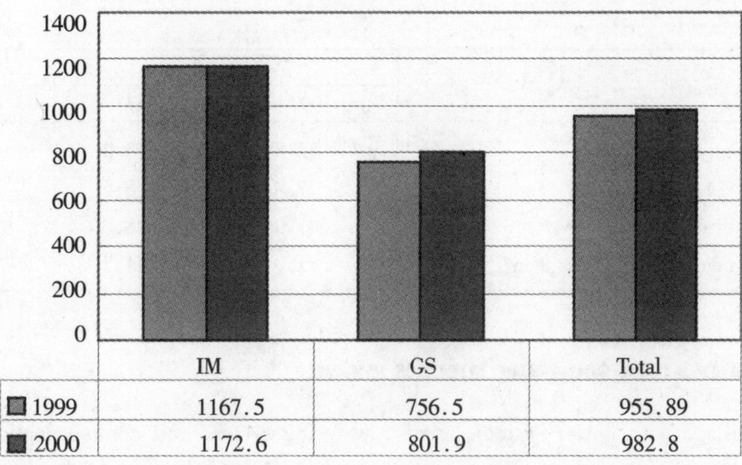

Figure 1.2 Per Capita Net Income in Project Villages (Yuan)

1.3.3 Living expenditure and consumption

The average per capita living expenditure of WPRP PVs is 962 yuan, increasing 2.3%. The basic expenditure on food and cloth dropped while expenditure on housing, transportation and communication, education and recreation increased a lot. House area and durable consumer goods owned at year-end increased. By province, when households of Inner Mongolia PVs show 8.2% increasing of expenditure, the expenditure of Gansu PVs household dropped 5.3%. The expenditure increment of Inner Mongolia PVs households is due to larger amount of increasing aspect, and the expenditure of decrement of Gansu PVs households are from the larger amount of decreasing aspect.

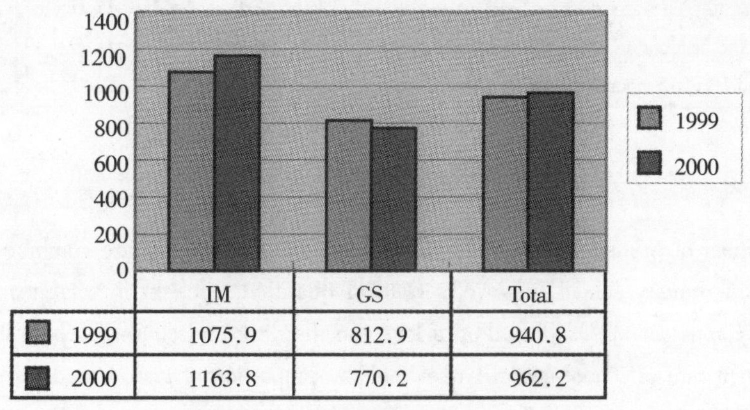

Figure 1.3 Per Capita Living Expenditure in Project Villages (Yuan)

Table 1.2 Main Economic Indicators

Indice	Project village		Non-project village	
	1999	2000	1999	2000
1. per capita net income (yuan)[①]	956.0	983.0	1108.0	1157.0
2. per capita living expenditure (yuan)	941.0	962.0	989.0	1013.0
3. food share (%)	59.2	54.1	57.2	52.9

① Market prices are used for self-sufficient products.

Continue

Indice	Project village		Non-project village	
	1999	2000	1999	2000
4. per capita area of house at year-end (m2)	12.8	13.2	13.54	13.63
5. number of TV set per 100 household (set)	77.0	78.5	81.0	85.2
6. per capita grain consumption (kg)	241.0	238.0	257.0	247.0
7. rate of population with grain production less then 150 kg	11.9	11.7	10.8	14.5

1.3.4 Power system, road and water supplies system

The proportion of village with power system, roads, watering system and communication facilities increase substantially. In PVs, 94.6% villages access to electricity, 1.1 percentage points higher than that of previous year; 42.4% PVs connect to telephone net, with 10.9 percentage points increment; 87% PVs are linked to roads, 1.1 percentage point more than in 1999; 47% households have safety drink water, 3.1 percentage higher 1999. The distance to water supply point and the time spending on fetching water drop obviously.

Table 1.3 Rate of Village Access to Basic Rural Infrastructure

Indice	Project village		Non-project village	
	1999	2000	1999	2000
1. % of village access to power system	93.5	94.6	91.4	93.1
2. % of village connected to telephone	31.5	42.4	50.0	55.2
3. % of village access to road	85.9	87.0	79.3	86.2
4. % of village access to TV signal	97.8	96.7	93.1	91.4
5. % of household access to pipe water	43.9	47.0	47.6	54.1
6. % of household with the distance to water source less than 100 m	66.8	71.8	68.1	73.3
7. % of household spend less 0.5 hour on fetching water	75.0	82.0	71.7	77.9

1.3.5 Education

In 2000, the number of primary school reduced, because several schools are combined. On the other hand, the facility and personnel of primary school improved. Rate of qualified teachers in total teachers rose from 86.9% to 91%, the area of dangerous school building drop a lot, and the desk and chair of school increased. The most important is that the enrolment rate of school-age girl rises and the proportion of girl in students also rises.

Table 1.4 Main Indicator of Education

Indice	Project village		Non-project village	
	1999	2000	1999	2000
1. % of village with school	93.5	83.9	96.6	86.7
2. % of qualified teacher	86.9	91.0	92.7	89.8
3. area % of dangerous school building	9.6	7.2	6.9	5.2
4. enrollment rate of boy aged 7 ~ 12	92.6	92.4	90.2	90.6
5. enrollment rate of girl aged 7 ~ 12	89.5	90.4	89.0	95.6
6. % of girl in students	40.9	49.2	48.8	46.7

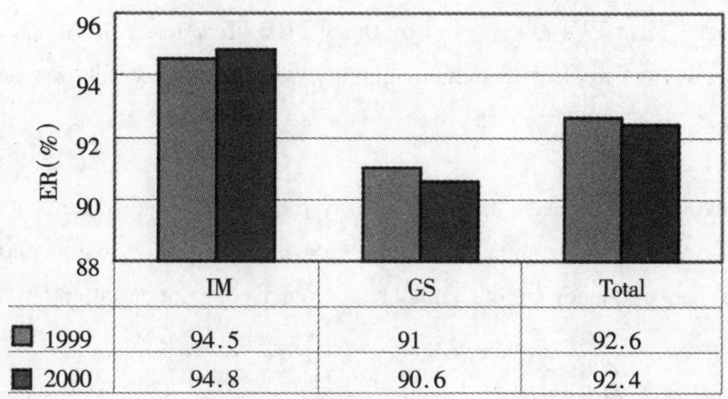

Figure 1.4 Enrolment Rate of Boy Aged 7 ~ 12 Years-old

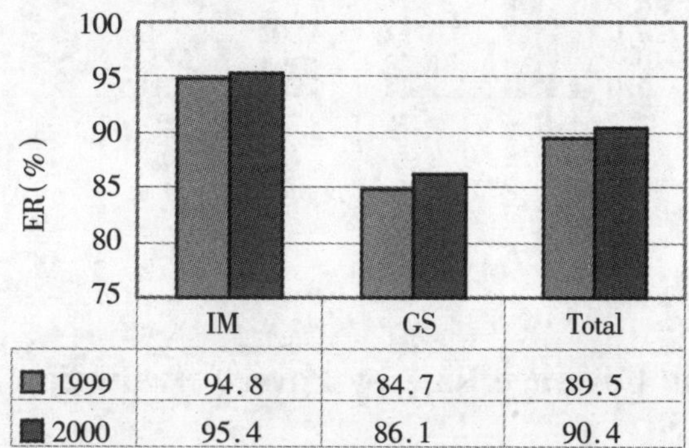

Figure 1.5 Enrolment Rate of Girl Aged 7 ~ 12 Years-old

1.3.6 Health

According to the community survey, 64.1% PVs have clinics, with 6.5 percentage points increase compared with that of 1999. In PVs, 84.8% villages have qualified health attendants, which keeps the same as previous year; 57.6% have qualified birth attendants, 3.2 percentage points higher than that of previous year. Also, the immunization rate of children less than 5 - year-old rises from 89.5% in 1999 to 94.3% in 2000.

Table 1.5 Main Indicators of Health

Indice	Project village		Non-project village	
	1999	2000	1999	2000
1. % of village with clinic	57.6	64.1	69.0	79.3
2. % of village with health attendants	84.8	84.8	87.9	86.0
3. % of village with qualified delivery attendants	54.4	57.6	48.3	57.9
4. Immunization rate of children < 5 yeas-old	89.5	94.3	94.3	94.7

1.4 Coverage, targeting and impact of WPRP

1.4.1 Coverage rate

Up to the end of 2000, every components of WPRP had been carried out comprehensively in Inner Mongolia Autonomous and Gansu Province. Most PVs are covered by the WPRP. In respect of village coverage rate and household coverage rate, WPRP of Gansu was implemented more quickly and the households of Gansu PVs got more loan from WPRP than Inner Mongolia.

1.4.1.1 Village coverage rate

According to the survey, 85% PVs have attended poverty reduction project once or more, and 73% PVs reported that they have participated in WPRP. The village coverage rate of each project component is showed in Figure 1.6. Figure 1.7 gives out the village frequency by the number of project components attended.

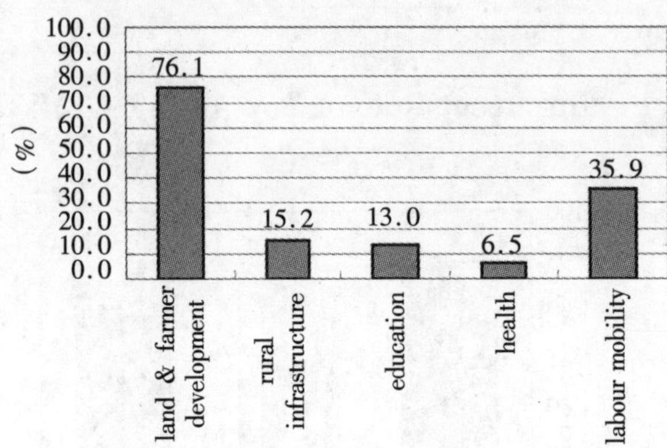

Figure 1.6 Village Coverage Rate by Poverty Reduction Project Components

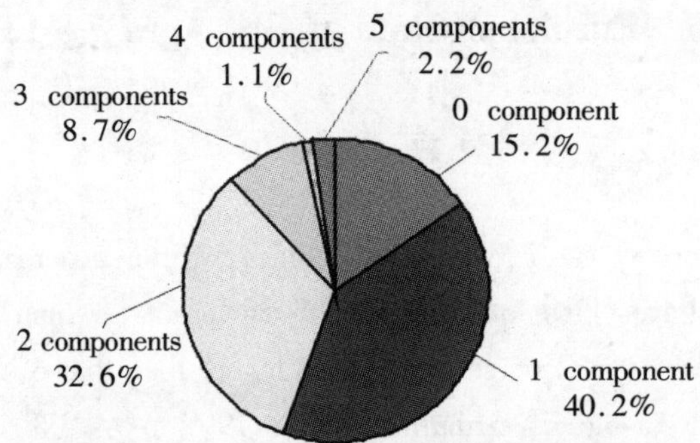

Figure 1.7 Composition of Project Villages by the Number of Components (%)

By the province, 82% Inner Mongolia PVs and 88% Gansu PVs have attended poverty reduction project, while more PVs in Inner Mongolia than in Gansu report their participation of the WPRP. The village coverage rate of WPRP are 76% in Inner Mongolia and 69% in Gansu. By the number of project components attended, 54% PVs in Inner Mongolia participate once in PRP and 48% PVs in Gansu participate twice in PRP. In addition, about 64% Gansu Pvs have taken part in labour mobility component, in which 31% Gansu PVs report their participation of WPRP labour mobility component.

1.4.1.2 Household coverage rate

Of the PVs households, 47% from Inner Mongolia PVs and 53% from Gansu have attented RPR once or more than once.

1.4.1.3 Loan/subside intensity

Per household poverty reduction loan/subside received from farmer and land development component is 440 yuan in Inner Mongolia PVs and 506 yuan in Gansu PVs.

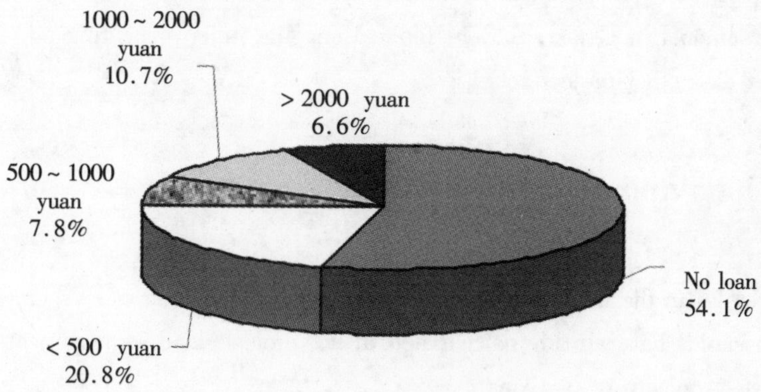

Figure 1.8 Composition of Households by Loan Attained

1.4.2 Targeting

The successful selection of WPRP area and PVs assures, to some extent, the WPRP to target at poor households. According to survey results, whether in PVs and NPVs, the economic and social development level is much lower than national and provincial average, while PVs bear the more inferior condition than NPVs. Therefore, the WPRR is a well regional targeted project.

As to the household selection, most project households are those low and middle income households. In Inner Mongolia PVs, the income and consumption of project households are obviously lower than others, and the participation rate of poor households is higher than non-poor households both in 1999 and in 2000.

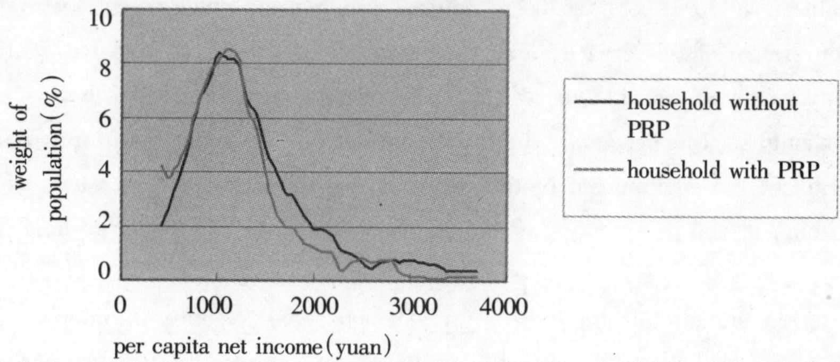

Figure 1.9 Income Distribution by Households with/without Poverty Reduction Project

1.4.3 Impact

Survey shows that WPRP have some effect on improving rural infrastructure and preventing the household from serious income dropping. Here are the evidences:

a. The poverty changes in PVs is a little bid better than in NPVs. In 2000, the economic situation of the project area is damaged by the serious drought and a lot of poor households become worse both in PVs and in NPVs. However, the poverty incidences rise less in PVs than in NPVs.

b. The improvement of infrastructure in PVs reflects the great positive impact of WPRP, since there is exclusiveness between of WPRP and other PRP in the aspect of infrastructure construction.

c. The regression results show that there is also significant positive impact of the WPRP on the income of project households. The regression model shows the animal husbandry in1999 already have made the significant positive impact on the income of the participants in Gansu, and in Inner Mongolia, micro-irrigating and land development in 1999 have more obvious impact than other project activities.

1.5 Conclusions and suggestions

a. WPRP was successful in the first two years, because (a) the selection of PVs was successful, and (b) about 4/5 P.Vs and half of households have already participated in the project, and some project activities have showed the significant positive impact on income of participants.

b. It is necessary to enhance the support to the poor suffered from the disaster to help them reconstruct the development bases.

The serious drought in 2000 reined the development base of a large part of households above the poverty line in previous years. Without the additional help, those households may stay in poor for several years. Because those households have the manpower to get rid of the poverty quickly if getting financial support, it is better to concentrate the resource to promote the production recovery and labor mobility participation of those households.

c. WPRP area need more clear long-period development goals and pay more attention on protecting environment and reducing the local-resource-depended population though the improvement of education and labor mobility..

Most of the villages in WPRP are in the extremely inferior natural conditions. The frequent disasters always easily rein the poverty reduction progress achieved from the past years. Most of the currently adopted poverty reduction methods may relief the poverty in several years, but they are not able to resolve permanently the problems of slow development and the deterioration caused by the frequently occurred disasters. It is worth to consider reducing the population in this area to a reasonable level corresponding to the natural resource and environment. Also, it is necessary to improve the basic education system of this area through the provision of 9 years compulsive education and improve the high school and secondary technical school. Otherwise, the labor mobility is limited by the low education attendance of labor. The project area should seek for resource, the income and the development opportunity out of the area. The project area also need to enhance the environment protection by taking the chance of 'Western exploration'. Upgrading the local ecological environment and preventing the serious disasters are the foundation of long period, stable development.

d. It is necessary to pay attention on the issue of project household selection in order to enlist the poorest in the project in the following years. Although the project households concentrated in the low and middle-income group, WPRP, especially in Gansu PVs, included some households with fairly good economic condition. The target of WPRP is poor. Therefore, the poors must have some priority in the project household selection. Although it is difficult to include the poorest households without the repayment ability, it must exclude the household with fair good condition from the project.

CHAPTER 2 LIVING CONDITION AND THE CHANGES

The condition and changes of rural infrastructure, education and health, income and expenditure of households in WPRP area are the core content of the poverty monitoring survey. Based upon the tracing survey on the 92 Project Villages (PVs) and 58 Non-project Villages (NPVs) of WPRP in 1999 and 2000, more villages access to the infrastructure facilities such as power system, road, water supply system, village clinic, communication media. Meanwhile, income and expenditure, as well as children enrollment rate, indicated the improvement in household living condition.

2.1 Rural infrastructure

2.1.1 Power

Community survey shows that 139 of the 150 surveyed villages in 2000 are accessible to lighting electricity. The percentage of PVs access to power system is 94.6%, with 1.1 percentage points increment compared with previous year. The data for NPVs is 93.1%, a little lower than that of PVs, with 1.7 percentage points higher than previous year.

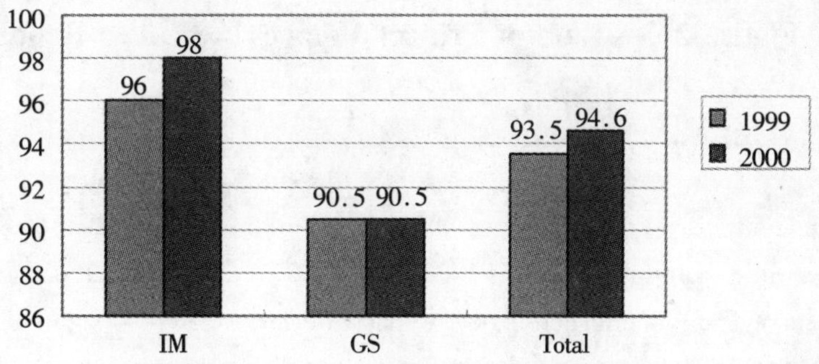

Figure 2.1 Rate of Project Villages Access to Power System (%)

2.1.2 Communication

The survey shows that the rate of villages with telephone is 42.4% in 2000 in PVs, 10.9 percentage points higher than in 1999. Meanwhile the rate for NPVs is from 50% to 55.2%. By the province, the rate of PVs accessible to telephone in Inner Mongolia in 2000 is 6 percentage points more than last year. In Gansu, the rate increased 16.7 percentage points.

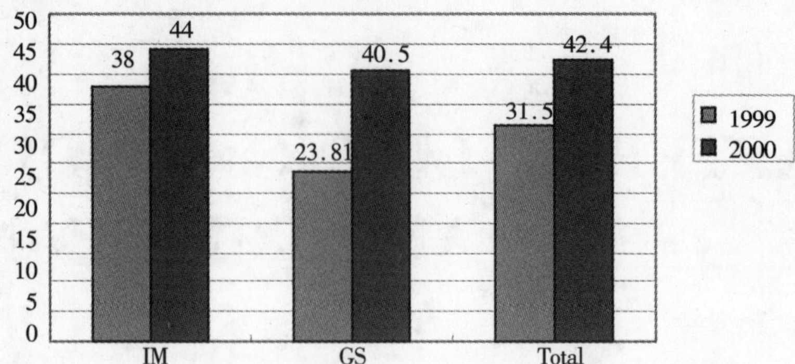

Figure 2.2 Rate of Project Villages Connected to Telephone System

2.1.3 Transportation

The rate of villages accessible to road for PVs rises from 85.9% in 1999 to 87% in 2000, while the rate for NPVs is 86.2% with 6.9 percentage points increment..

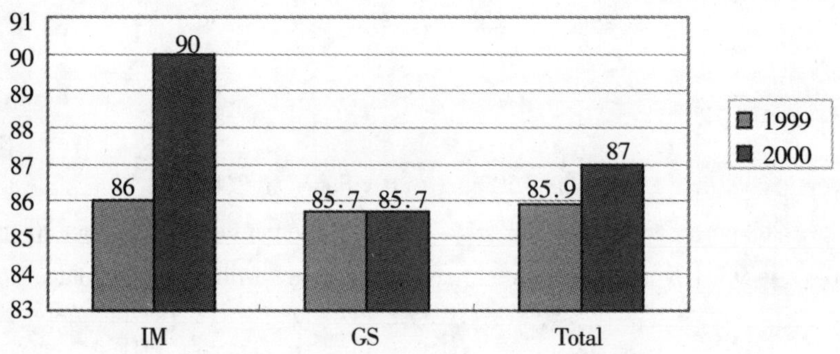

Figure 2.3 Rate of Project Villages Access to Road

2.1.4 Water supply

According to the community survey, the area rate of irrigated land in the cultivated land rises from 6.9% in 1999 to 8.4% in 2000 in PVs, while the rate for NPVs is 14.5% in 2000, 1.3 percentage points higher than in 1999. According to the household survey, the rate of households with safe drink water is 47% in PVs, 3.1 percentage points higher than in 1999. The distance between households and the drink water source, as well as the time spending on fetching water dropped obviously. The rate of household with distance to drink water below 100 m is 66.8% in 1999 and 71.8% in 2000, and the households with time spending on fetching water below the half hour count for 82% of total households, 7 percentage points higher than previous year.

2.2 Education

2.2.1 Primary school facilities

The survey shows that 91.3% of PVs and 93% of NPVs have the primary schools. Because some small schools were merged, the proportion dropped in 2000 both in PVs and NPVs. On the other hand, the survey shows that the school facilities, such as room area, improved. The area proportion of dangerous building goes down.

2.2.2 Teacher and student

The rate of qualified teachers rises from 86.9% to 91% in PVs, a little higher than the rate of NPVs (89.8%). By the gender, female teachers count for 26.9%, 3 percentage points higher than in 1999. By the province, the rate of qualified teachers in Inner Mongolia PVs (98.4%) is much higher than in Gansu PVs (78.9% only).

2.2.3 Enrollment rate (ER) of school-aged children

According to the individual survey, in 2000 there are 87.7% children aged 7 ~ 15 studying in various schools for PVs, 2.4 percentage points higher than in 1999. However, it is still lower than the rate of NPVs (89%). By the gender and age group, the enrollment rate of boys aged 7 ~ 12 was 92.4%, the highest among the groups. The enrollment rate of girls aged 13 ~ 15 is 75.6%, the lowest among the groups. The enrollment rate of girls increases quicker than that of boys. Compared with previous year, the rates of children aged 13 ~ 15 increase quickly, 7 percentage points higher both for girl and boy.

Table 2.1 Enrollment Rate of School-Aged Children in Project Villages (%)

Indice	Project village		2000 PVs	2000 PVs
	1999	2000	Gansu	Inner Mongolia
Enrolment rate of children aged 7 ~ 12				
Boy	92.6	92.4	94.8	90.6
Girl	89.5	90.4	95.4	86.1
Enrolment rate of children aged 13 ~ 15				
Boy	77.9	85.0	90.3	81.2
Girl	68.5	75.6	84.1	66.7

2.2.4 Completion rate of primary school

In PVs, 67.9% children aged 15 years-old completed primary school in 2000, 4 percentage points higher than in 1999, in which the completion rate is 70% for boys and 65.8% for girls. Correspondently, 89.5% children aged 15 years-old completed primary school in NPVs. By the province, the completion rate in Inner Mongolia PVs is 84.5%, while the rate in Gansu PVs is only 55.4% and in particular, the rate of girl in Gansu PVs is as low as 50%. Nevertheless, the girl's rate improved a lot (33.3% in 1999).

2.3 Health

2.3.1 Village clinics

In 2000, the rate of villages with clinic is 64.1% for PVs and 79.3% for NPVs, counting for 6.5 and 10.3 percentage points increment respectively.

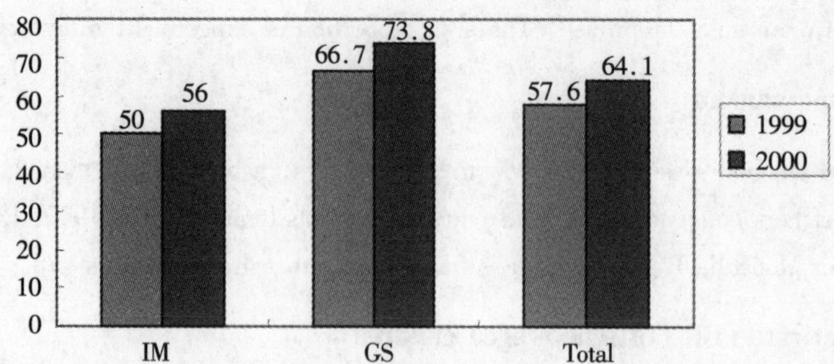

Figure 2.4 Rate of Project Villages with Clinic (%)

2.3.2 Health attendants and delivery attendants

In 2000, the rate of village with qualified health attendants is 84.8% in PVs, almost keeping the same as previous year. The rate of villages with qualified delivery attendants is 57.6%, 3.2 percentage points higher than in 1999. The correspondent rates are 57.9% and 9.6 percentage points in NPVs.

2.3.3 Immunization rate of children under 5-years-old

In 2000, the immunization rate of children under 5-years-old rises from 89.5% to 94.3% in PVs, while the rate keeps the same as previous year in NPVs.

2.4 Income

2.4.1 Gross income

Gross income of a household refers to all real income from all possible sources, including income in cash and in kind. The gross income per capita for PVs in 2000 is 1605 yuan, an increase of 3.4 % compared with that of 1999, and the gross income for NPVs is 1800 yuan in 2000, 5.3% higher than previous year.

2.4.2 Net income

The net income of a household is the sum of the gross income deducting all cost expenditure. The net income per capita for PVs in 2000 is 983 yuan, with n real growth rate of 2.8%, compared with that of 1999. The net income per capita for NPVs is 1157 yuan in 2000, with an increasing rate of 4.4%. The increasing speed is higher in NPVs than in PVs.

By province, the net income per capita for Inner Mongolia PVs is 1173 yuan in 2000, increasing 0.4%, and for Gansu PVs 802 yuan, increasing 6%.

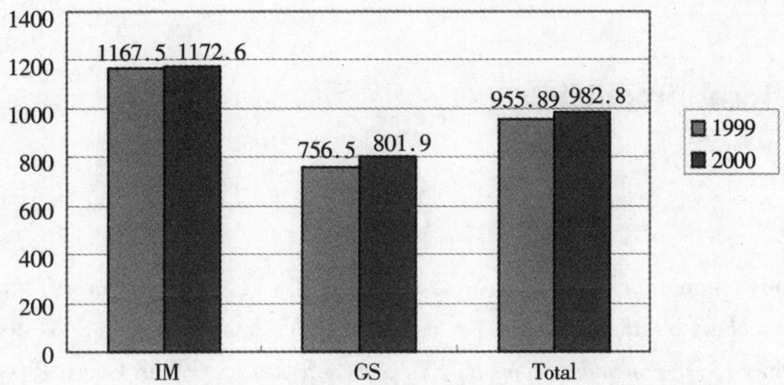

Figure 2.5 Per Capita Net Income in Project Villages (Yuan)

Table 2.2 Per Capita Income (Yuan)

Indice	2000 (Yuan)		Growth rate of 2000		Growth rate of PVs 2000 (%)	
	PV	NPV	PV	NPV	Inner Mongolia	Gansu
1. Gross income	1605.0	1800.0	3.4	5.3	5.2	0.1
2. Net income	982.8	1157.3	2.8	4.4	0.4	6.0
#: wage income	246.0	314.6	0.9	9.2	4.9	-2.2
Income of family business	694.2	797.0	2.5	2.4	1.2	4.8
Transfer income	35.0	33.5	7.3	-12.0	-56.6	82.3

2.4.3 Family business income

Per capita net income from the family business in PVs is 694 yuan in 2000, increasing 2.5% compared with that of 1999. The data for NPVs are 797 yuan and 2.4 percentage points respectively. The growth rate of PVs is similar to NPVs.

The incomes from planting and animal husbandry, two of the main components in family business, drops by 0.9% and increase by 14.7% respectively in PVs, while the growth rate of crop planting and animal husbandry of NPVs is -2.9% and 15.1% correspondently. By the province, the increment of income is mainly from animal husbandry in Inner Mongolia PVs and from crop planting in Gansu PVs.

2.4.4 Wage income

Income from employee's payment is one of the major income sources, and also is the hot point of income increment in recent year all over the rural China. In 2000, per capita wage income of household in PVs is 246 yuan, increasing 0.8% compared with that of 1999. Per capita wage income of household in NPVs is 315 yuan, increasing 26.5 yuan or 9.2%. The amount and increasing rate of wage income in NPVs were much higher than in PVs.

Table 2.3 Composition of Net Income (%)

Indice	Project villages			Non-project villages		
	1999	2000		1999	2000	
Net income	100	100	–	100	100	–
# wage income	25.5	25.0	-0.5	26.1	27.2	1.1
Income of family business	70.8	70.6	-0.2	70.2	68.9	-1.3
Transfer income	3.4	3.6	0.2	3.4	1.0	-2.4
Assets income	0.3	0.8	0.5	0.3	2.9	2.6

2.5 Agricultural production

2.5.1 Production

In 2000, the quantity of grain produced per capita in PVs is 444 kg, with an increasing rate of 2.8% compared with that in 1999. The quantity of grain produced per capita in NPVs was 452 with 4.7% decrement. By province, the grain production reduces 3.7% in Inner Mongolia PVs and increases 15.6% in Gansu PVs. As to other products, per capita quantity of vegetables produced is 74.8kg and 128kg, meat 38.4 kg and 38.2 kg in PVs and NPVs respectively.

Table 2.4 Per Capita Quantity of Production and Selling of Agricultural Products (kg)

Indice	Project villages			Non-project villages		
	1999	2000	(%)	1999	2000	(%)
Grain: production	431.9	444.2	2.8	474.4	451.6	-4.9
Selling	60.8	73.5	20.9	80.9	81.3	0.4
Vege.: production	69.8	74.8	7.2	102.4	128.1	25.1
Selling	42.5	46.4	9.2	74.3	80.7	8.6
Meat: production	35.6	38.4	7.9	36.9	38.2	3.5
Selling	16.0	21.8	36.3	16.6	21.1	27.1

2.5.2 Selling

The quantity of grain sold per capita in 2000 is 73.5 kg in PVs, increasing 20.8%; Per capita vegetables sold are 46.4 kg and increase 9.2%; Per capita meat sold is 21.8 kg in PVs, increasing 36.3%. However, due to the continuously decline of price of agricultural products, the income of selling agricultural product does not increase a lot The survey shows that the selling price of grain and vegetable in 2000 are 85.3% and 79.6% of 1999 correspondently.

2.6 Consumption

2.6.1 Living expenditure

According to the survey, living expenditure per capita in PVs in 2000 is 962 yuan, increasing 21.4 yuan or 2.3% on the base of 1999. Meanwhile, per capita living expenditure of NPVs is 1013 yuan with 2.4% increment. By province, per capita living expenditure of Inner Mongolia PVs is 1164 yuan and of Gansu PVs 770 yuan. The growth rates of Inner Mongolia PVs and Gansu PVs are 8.2% and -5.3% separately.

Table 2.5 Per Capita Living Expenditure

Indice	2000		Growth rate of 2000		Growth rate of PVs 2000%	
	Project villages	Non-project villages	Project villages	Non-project villages	Gansu	Inner Mongolia
Living expenditure	962.15	1012.82	2.3	2.4	-5.3	8.2
1. food	521.00	536.05	-6.4	-5.3	-6.9	-6.0
2. clothing	72.79	74.98	-12.6	-15.6	-15.5	-10.8

Continue

Indice	2000		Growth rate of 2000		Growth rate of PVs 2000%	
	Project villages	Non-project villages	Project villages	Non-project villages	Gansu	Inner Mongolia
3. housing	106.75	111.67	41.1	43.7	27.2	54.4
4. household facilities	30.40	31.98	35.9	39.4	5.6	76.4
5. health	57.63	52.86	-12.7	-23.2	-27.2	5.3
6. transportation & communication	47.44	46.00	98.3	97.8	-22.3	186.3
7. education & recreation	105.96	135.72	6.8	4.2	8.6	5.9
8. other	20.18	23.56	57.7	103.6	-11.1	120.9

2.6.2 Food consumption

In PVs, per capita food expenditure in 2000 is 521 yuan and 536 yuan in NPVs, decreasing 6.4% and 5.3% correspondently. Per capita grain consumption is 217 kg, vegetable 33.3 kg, and meat 13.2 kg. The quantity of food consumption dropped.

Table 2.6 Per Capita Food Consumption (kg)

Indice	1999		2000		Growth rate (%)	
	Project villages	Non-project villages	Project villages	Non-project villages	Project villages	Non-project villages
Staple food	241.36	256.93	217.14	235.51	-10.0	-8.3
Vegetable	44.16	47.2	33.26	47.58	-24.7	0.8
Cooking oil	7.69	8.05	6.30	6.88	-18.1	-14.5
Meat	16.54	15.08	13.2	11.9	-20.0	-21.1
Egg	1.98	2.11	1.49	1.82	-24.7	-13.7
Fruit	10.75	12.64	8.89	11.57	-17.3	-7.0

2.6.3 Housing expenditure

Housing expenditure includes those on house, lighting and cooking fuel. The increment of housing expenditure is the largest among the various aspects of living expenditure. Per capita housing expenditure of PVs in 2000 is 106.8 yuan and 27.2% more than in 1999. Weight of housing expenditure in total living expenditure rises from 8.0% in 1999 to 11.1% in 2000. Per capita room area at the end of 2000 is 13.2 square meters, 0.4 square meters more than 1999.

2.6.4 Education and recreation expenditure

According to the survey, per capita expenditure on education and recreation in WPRP area increase quickly. It is 106 yuan in PVs with 8.6% increment while its growth rate of NPVS is 5.9%.

2.7 Borrowing

Borrowing per capita in PVs is 299 yuan in cash in 2000, of which 163 yuan borrowed from friends and relatives, 93 yuan aret loan from bank, 46 yuan from poverty fund or project.

2.8 Conclusion

As the implementation of WPRP and the counterpart projects, the rural infrastructure, basic educational and health service are improved in project villages. The rate of village with power, road, telephone, safe drink water, clinic or qualified health attendants increase more or less. The rising of enrolment rate and the dropping of adults illiteracy rate verify the improvement of human development in this area.

However, the economic indicators of project area, affected by a series of negative and positive factors, show the very different annual tendency. On the one hand, the severe drought damaged the agricultural production in the majority of project area, and the price of main crop planting products continuously dropped. The low-income households—most of them mainly engage in crop planting—are harmed more seriously than the middle and high-income groups. On the other hand, the cost of animal husbandry declines and the animal husbandry production recovers in some areas. In some areas, some households sell most of their animals because the households are not able to feed the animals due to the snow disaster and drought. This may raise he income of 2000, though it will ruin the income next year. In addition, some farmers adjusted the production structure and made fairly good benefit. Under such circumstances households with different characteristics show different changes in income, consumption and production. The average income and living expenditure increased, but about half of the households drop as far as the income is concerned. The drop of income is more serious in households simply producing corn and wheat with poor irrigating condition and. The serious drop of income then brings the decline of basic food and clothing consumption. In Inner Mongolia, the increasing expenditure on housing, education and transportation compensated the reduce of expenditure on food and cloth, while in Gansu the increment of expenditure on other expenditure is less than the decrement of expenditure on food and cloth.

CHAPTER 3 POVERTY MEASURING AND POVERTY FACTORS

After many aspects of the social and economic conditions in WPRP Areas are reviewed, some questions would arise in addition, such as the distribution of the poors, the progress of anti-poverty, and the factors influencing the poverty. In this chapter, those issues would be analyzed on the base of household survey of WPRP poverty monitoring system.

3.1 Determining poverty line

3.1.1 Method

There are many methods to determine the poverty line, such as minimum income ratio, Engel's coefficient, food portion, and so on. According to the practical experience of the State Statistical Bureau, a method recommended by World Bank was used to determine the poverty line of 2000 for WPRP area.

The method adopted here for determining the poverty line is as follows:

Firstly, selecting the minimum calorie level. We select 2100 kilo calories/per person per day as the minimum nutrition needs.

Secondly, selecting the food structure and amount reaching the minimum calorie level. Actual food consumption structure and food quantities (food bundle), which maintain the minimum nutrition, are from one of the third lowest income group.

Thirdly, minimum food expenditure (food poverty line) is calculated by using the price from low income group too.

Fourthly, calculating out the non-food poverty line. Regression model is used to calculate the minimum non-food expenditure of the households whose income just reaches the food poverty line. A household that obtains few non-food commodity by sacrificing the basic food demand must be a poor one. The non-food expenditure of those households is regarded as the non-food poverty line.

At last, determining poverty line①. The food poverty line plus the non-food poverty line is used here as the poverty line of households.

3.1.2 Poverty threshold for WPRP area

Because the market price and food consumption composition are varied from province to province in WPRP areas, the poverty line was determined separately. Poverty lines of 2000 are determined according to the methods described above.

Based on the survey data of 2000, the food poverty is 490 yuan for Inner Mongolia project area and 379 yuan for Gansu project area. Nonfood poverty lines derived through regression model are 144 and 111 yuan correspondently.

---

① Here it refers the low poverty line. Low poverty line is composed by food poverty and low non food poverty. The low non poverty line is according to the non food expenditure of the households with the total living expenditure equal to the food poverty line. Up poverty line is composed by food poverty line and up nonfood poverty line. Up non-food poverty line is according to the non food expenditure of households with food expenditure equal to food poverty line.

Thus the poverty lines for Inner Mongolia and Gansu project area are 634 yuan and 490 yuan separately.

Poverty lines of subsequence years could be updated using the consumer price index. Because the food is the major content of consumption of poor, food price index often be used in poverty line updating instead of total consumer price index. Poverty lines of 1999 of WPRP area are reached by multiplying consumer food price index and the poverty line of 2000.

The detailed poverty thresholds for Inner Mongolia and Gansu project area are given in table 3.1.

Table 3.1 Poverty Line of WPRP Area (Yuan/Per Capita)

Indice	Inner Mongolia	Gansu
2000 poverty line	634	490
food poverty line	490	379
non-food poverty line	144	111
1999 poverty line	654	498

3.1.3 Indicator and condition measure poverty

Poverty can be measured by income as well as expenditure. In this report, the households with following one condition are regarded as poor household.

a. per capita net income < poverty line and per capita consumption < 1.5* poverty line, or

b. per capita consumption < poverty line and per capita net income < 1.5* poverty line.

3.2 Poverty incidences

3.2.1 Poverty headcount rate

Poverty headcount rate is the most simple indicator for measuring poverty. It is expressed by the proportion of the poor population in the total population.

If Q persons are poor in N population, headcount rate is

$$H = Q/N$$

Based on the survey of 2000, the headcount rate is 22.8% in PVs and 19.9% in NPVs, rising 0.7 and 1.9 percentage points respectively compared with that of 1999.

Table 3.2 Poverty Headcount Rate in WPRP Area (%)

Area	1999	2000
1. Total		
PVs	22.2	22.9
NPVs	18.0	19.9
2. Inner Mongolia		
PVs	16.7	19.4
NPVs	14.9	18.4
3. Gansu		
PVs	27.4	26.3
NPVs	20.7	21.3

3.2.2 Rate of poverty gap

The poverty gaps (*PG*) is based on the accumulated distance to the poverty line for the poverty population. The formula is as follows:

$$PG = \sum_{i=1}^{n} (1 - Yi/Z)/N$$

Where

Yi the consumption level of household i;

Z the poverty line;

N the total population.

Survey shows the index of poverty gaps of 2000 is 6.1% in PVs and 5.8% in NPVs, accounting for 1.4 and 2.5 percentage points increment from 1999 respectively.

Table 3.3 Rate of Poverty Gaps in Project Area (%)

Area	1999	2000
1. Total		
PVs	4.8	6.2
NPVs	3.3	5.8
2. Inner Mongolia		
PVs	4.1	6.7
NPVs	3.7	6.4
3. Gansu		
PVs	5.4	5.7
NPVs	2.9	5.3

3.2.3 Rate of weighted poverty gap

Index of weighted poverty gap is usually expressed by *FGT* or *P*2. It is established on the basis of the distance of the poverty population relative to the poverty line, while the poorer the people is, the greater weight is given. The calculating formula is as follow:

$$P2 = \sum_{i-1}^{n} (1 - Yi/Z)^2/N$$

Index of weighted poverty gap of 2000 is 3.8% in PVs and 3.6% in NPVs. Compared with 1999, it rise 1.5 and 2.2 percentage point respectively.

Table 3.4 Rate of Weighted Poverty Gap in Project Area (%)

Area	1999	2000
1. Total		
PVs	2.3	3.8
NPVs	1.4	3.6
2. Inner Mongolia		
PVs	2.5	4.2
NPVs	2.0	4.1
3. Gansu		
PVs	2.1	3.4
NPVs	1.0	3.1

3.2.4 Grain poverty

For the poor without basic food and cloth, grain is the basic consumption content. Per capita grain consumption or production is always used to measure the poverty. The grain poverty head count rate reconfirmed the serious poverty in WPRP area. Table 4.5 is the poverty head count rate measured by per capita grain consumption.

Table 3.5 Grain Headcount Rate (%)

Area	1999	2000
1. Total		
PVs	11.9	11.7
NPVs	10.8	14.5
2. Inner Mongolia		
PVs	2.4	5.2
NPVs	3.5	15.3
3. Gansu		
PVs	21.1	18.1
NPVs	17.2	13.9

3.3 Poverty decomposing

Poverty decomposing can help to find out the factors influencing the poverty and the population in the risk of poverty. According to the experience of poverty analysis, many factors, such as terrain, rural infrastructure, household characteristics, and personal characteristics, have impact on poverty.

Table 3.6 Poverty Decomposition: by Terrain

Province	Terrain	Grain poverty head count rate	Headcount rate	Poverty gap	Weighted poverty gap
Inner Mongolia	Plain	2.50%	7.08%	1.79%	0.74%
	Hilly area	2.99%	17.40%	2.11%	0.63%
Gansu	Valley	12.25%	18.37%	2.66%	0.39%
	Mountain	19.64%	24.82%	4.96%	2.01%

Table 3.7 Poverty Decomposition: by Distance to County Town

Province	Distance to county town	Grain poverty head count rate	Poverty headcount rate	Poverty gap	Weighted poverty gap
Inner Mongolia	5 ~ 10kg	3.15%	6.02%	0.00%	0.00%
	10 ~ 20kg	5.32%	15.97%	1.70%	0.50%
	20kg	2.46%	17.77%	2.50%	0.78%
Gansu	2 ~ 5kg	14.44%	13.89%	4.30%	1.91%
	5 ~ 10kg	51.27%	2.12%	0.00%	0.00%
	10 ~ 20kg	8.71%	25.95%	3.24%	0.94%
	20kg 以上	18.45%	27.95%	5.95%	2.47%

Table 3.8 Poverty Decomposition: by Distance to Town

Province	Distance to town	Grain poverty head count rate	Poverty headcount rate	Poverty gap	Weighted poverty gap
Inner Mongolia	2kg	1.41%	10.01%	1.03%	0.23%
	2~5kg	2.16%	15.10%	1.32%	0.49%
	5~10kg	3.14%	14.64%	1.37%	0.33%
	10~20kg	6.78%	34.15%	7.65%	2.52%
Gansu	2 kg	27.80%	21.43%	6.91%	3.26%
	2~5kg	18.21%	22.40%	4.81%	2.06%
	5~10kg	19.46%	25.95%	4.11%	1.42%
	10~20kg	8.02%	33.49%	3.88%	1.10%
	20kg	20.62%	42.27%	8.14%	3.06%

Table 3.9 Poverty Decomposition: by Distance to Market

Province	Distance to market	Grain poverty head count rate	Poverty headcount rate	Poverty gap	Weighted poverty gap
Inner Mongolia	2 kg	0.93%	7.72%	0.65%	0.14%
	2~5kg	2.40%	23.09%	2.36%	0.91%
	5~10kg	3.05%	15.46%	1.04%	0.26%
	10~20kg	3.80%	21.65%	3.28%	1.14%
	20kg	3.76%	16.01%	2.67%	0.75%
Gansu	2 kg	30.00%	28.70%	10.93%	5.45%
	2~5kg	19.13%	21.92%	4.62%	1.98%
	5~10kg	17.73%	25.97%	3.84%	1.35%
	10~20kg	14.66%	22.82%	3.73%	1.09%
	20kg	32.81%	40.63%	8.94%	3.67%

Table 3.10 Poverty Decomposition: by Distance to Bus Stop

Province	Distance to bus stop	Grain poverty head count rate	Poverty headcount rate	Poverty gap	Weighted poverty gap
Inner Mongolia	2 kg	3.57%	9.55%	1.41%	0.42%
	2~5kg		16.34%	1.74%	0.50%
	5~10kg	6.98%	32.56%	1.76%	0.46%
	10~20kg	4.07%	12.79%	0.92%	0.36%
	20kg 以上	2.51%	15.87%	2.79%	0.90%
Gansu	2 kg	8.33%	24.78%	4.79%	2.29%
	2~5kg	18.95%	24.84%	6.29%	2.75%
	5~10kg	18.49%	24.71%	2.06%	0.62%
	10~20kg	28.18%	7.05%	2.85%	1.25%
	20kg	22.48%	34.02%	6.49%	2.25%

Table 3.11 Poverty Decomposition: by Yes/No Access to Road

Province	Road	Grain poverty head count rate	Poverty headcount rate	Poverty gap	Weighted poverty gap
Inner Mongolia	Yes	2.41%	13.32%	1.96%	0.60%
	No	4.99%	29.02%	2.30%	0.70%
Gansu	Yes	19.27%	24.98%	4.34%	1.63%
	No	21.25%	23.04%	8.81%	4.36%

Table 3.12 Poverty Decomposition: by Yes/No Access to Power Net

Province	Poverty net	Grain Poverty head count rate	Poverty headcount rate	Poverty gap	Weighted poverty gap
Inner Mongolia	Yes	2.96%	15.06%	1.93%	0.60%
	No		43.52%	4.42%	1.19%
Gansu	Yes	20.22%	24.02%	4.29%	1.62%
	No	13.81%	30.66%	10.32%	5.05%

Table 3.13 Poverty Decomposition: by Yes/No Access to Telephone Net

Province	Telephone net	Grain poverty head count rate	Poverty headcount rate	Poverty gap	Weighted poverty gap
Inner Mongolia	Yes	2.26%	11.21%	0.72%	0.16%
	No	3.30%	19.64%	2.99%	0.97%
Gansu	Yes	20.41%	22.80%	4.94%	1.94%
	No	19.10%	25.69%	4.93%	2.01%

Table 3.14 Poverty Decomposition: by Yes/No Ethnic Group

Province	Ethnic group	Grain poverty head count rate	Poverty headcount rate	Poverty gap	Weighted poverty gap
Inner Mongolia	Yes	7.16%	25.47%	5.87%	1.79%
	No	2.08%	14.35%	1.33%	0.41%
Gansu	Yes	24.53%	60.38%	11.97%	5.54%
	No	19.29%	22.97%	4.59%	1.82%

Table 3.15 Poverty Decomposition: by Household Type

Province	Household type	Grain poverty head count rate	Poverty headcount rate	Poverty gap	Weighted poverty gap
Inner Mongolia	Village cadre	1.05%	10.14%	0.48%	0.13%
	Ordinary household	2.97%	16.77%	2.12%	0.64%
Gansu	Village cadre	21.52%	17.71%	1.93%	0.51%
	Ordinary household	19.16%	27.05%	5.68%	2.36%

Table 3.16 Poverty Decomposition: by Household Structure

Province	Household structure	Grain poverty head count rate	Poverty headcount rate	Poverty gap	Weighted poverty gap
Inner Mongolia	Single and couple	2.94%	11.77%	1.48%	0.74%
	Couple with 2 children	3.20%	9.60%	0.98%	0.22%
	Couple with 3 children	1.81%	16.86%	1.36%	0.40%
	One parent and children	6.25%	24.19%	4.23%	1.13%
	Extension family	2.25%	16.36%	3.35%	1.33%
Gansu	Couple and 1 child	9.01%	18.03%	5.39%	2.32%
	Couple with 2 children	19.81%	19.15%	4.31%	2.00%
	Couple with 3 children	23.28%	19.84%	3.18%	1.14%
	One parent and children	19.07%	29.80%	5.70%	2.20%
	Extension family	19.66%	26.50%	4.55%	2.17%

Table 3.17 Poverty Decomposition: by Highest Education Level Attained by Labor

Province	Highest education level of labor	Grain poverty head count rate	Poverty headcount rate	Poverty gap	Weighted poverty gap
Inner Mongolia	Senior middle school	1.93%	12.71%	1.52%	0.54%
	Junior middle school	2.54%	15.42%	1.99%	0.59%
	Primary school	6.64%	29.15%	3.57%	1.08%
Gansu	Senior middle school	24.92%	23.38%	3.58%	1.25%
	Junior middle school	19.52%	20.98%	4.56%	1.87%
	Primary school	18.10%	32.86%	6.39%	2.55%
	Illiteracy	7.14%	28.57%	7.32%	3.60%

Table 3.18 Poverty Decomposition: by with/without Labor Working Outside Village

Province	Labor mobility	Grain poverty head count rate	Poverty headcount rate	Poverty gap	Weighted poverty gap
Inner Mongolia	Yes	2.99%	13.43%	1.34%	0.38%
	No	2.83%	16.51%	2.14%	0.66%
Gansu	Yes	27.67%	12.65%	1.70%	0.57%
	No	15.20%	31.16%	6.65%	2.75%

3.4 Conclusion

a. Targeting of the project is fairly good as far as the selection of project villages is concerned. Two years survey testified that the PVs are much poorer than NPVs, and WPRP area is one of the poorest areas in China with high density poor population.

b. It is important to concentrate the poverty reduction source to help those returned to poverty due to disaster. In 2000, the serious drought in western area reined the agricultural production of this area. Many households return to poverty again. Due to the recovery of animal husbandry and the adjustment of agricultural production, the average net income of project areas increased in 2000, but income of more than 50% households, heavily based upon the agricultural production, declined seriously. It results the increment of the poverty head count rate. Moreover, due to some households without any harvest in the year, their net income becomes negative. This lead to the sharp rising of poverty gap and more sharp rising of weighted poverty gap, if measured by income. Those fell into poverty again will stay in poverty for several year if without help.

c. It is necessary to pay emphasis on education and health activities along with WPRP. From the poverty decomposing, it is easy to find the poverty is closely related to rural infrastructure, labor quality and labor employment model. Households in WPRP area with one or more following characteristics have the higher risk of being in poverty, compared with those having no such characteristics: in mountain area, village inaccessable to road, minority group, more than 5 family members, couple with more than 3 children or extension family, illiterates family, no labour force work in urban area. The survey results shows, on the one hand, that project component of WPR, such as rural infrastructure construction, labour mobility are helpful to reduce the poverty in this area. On the other hand, it demonstrated the education and health activity are very important. It has to prevent the children drop out from school due to the dropping of household income.

CHAPTER 4 COVERAGE, TARGETING AND IMPACTS OF WPRP

In December 2000, a survey on the project activities of WPRP was conducted by NBS on the sample of poverty monitoring survey. It collected the information on all anti-poverty project activities through the interview of enumerators, including the time, scale, amount and source of loan/subside of all anti-poverty project activities (including WPRP) participated by the sampled villages and households since 1999. Data was collected through the visiting interview of interviewer of county survey team. The anti-poverty project activities were divided into 8 catalogues and 31 items. The 8 catalogues are as follow:

(1) crop planting; (2) animal husbandry;
(3) tree crop planting; (4) aquatic production;
(5) land and rural infrastructure; (6) education;
(7) health; (8) labor mobility.

The survey covered 5 components of WPRP:

(1) land and farmer development①; (2) rural infrastructure;
(3) education②; (4) health;
(5) labor mobility.

4.1 Coverage Rate of Poverty Reduction Project (PRP)

4.1.1 Village coverage rate

Village Coverage Rate refers to the proportion of number of village attended in poverty reduction projects in total number of surveyed villages. According to the survey, 78 of 92 surveyed project villages (PVs) have been taking part in anti-poverty activities including WPRP once or more since 1999, and 67 PVs attained WPRP once, accounting for 85% in total surveyed PVs. By the province, there are 82% Inner Mongolia PVs and 88% Gansu PVs attended in PRP, of which 76% and 69% PVs attended in WPRP correspondently.

By component of the anti-poverty activities from various sources, 76% PVs have attended the land and farmer development, 15% attended the rural infrastructure construction, 13% the attended education activities, 7% health activities, 36% the labor mobility respectively. By component of WPRP, 69% PVs participated in the land and farmer development, 11% in the rural infrastructure construction, and 21% in the labor mobility component.

① land and farmer development component includes all the project activities that the loan going directly to household, such as micro - credit, terracing, micro-irrigation, crop planting, animal husbandry, crop tree planting, aquatic production ets.

② education activities only include (1) tuition fee assistance, free book delivery and nutrition support; (2) primary school building renovation and construction. Health activities only include health cooperative fund and village clinic setup or upgrading. Some activities were ignored such as training of teachera, village health attendants etc by the survey.

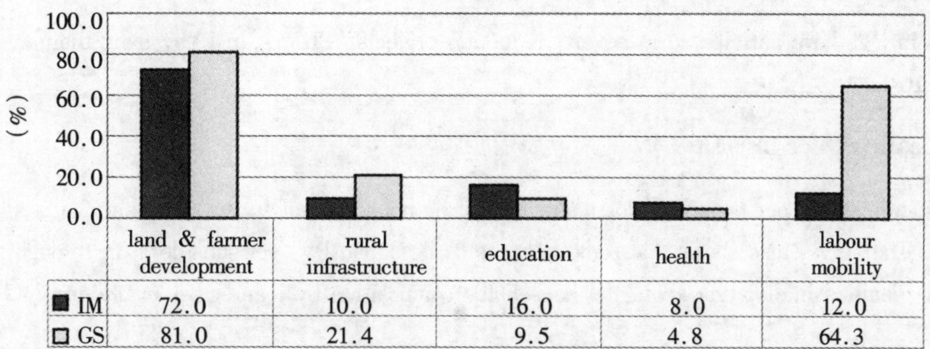

Figure 4.1 Village Coverage Rate by PRP Components (%)

By number of components participated by PVs, 40% PVs have taken part in only one component, 33% in 2 components, 9% in 3 components, 1% in 4 components and 2% in 5 components. Compared with Inner Mongolia, there is more Gansu PVs attended more than two components.

Table 4.1 1999 ~ 2000 Village Coverage Rate of Project Villages by PRP Component (%)

Component	Source	Inner Mongolia	Gansu	Total
Land and farmer development	PRP	72.0	81.0	76.1
	WPRP	72.0	64.3	68.5
Rural infrastructure	PRP	10.0	21.4	15.2
	WPRP	8.0	14.3	10.9
Education	PRP	16.0	9.5	13.0
	WPRP	0.0	9.5	4.3
Health	PRP	8.0	4.8	6.5
	WPRP	4.0	2.4	3.3
Labour Mobility	PRP	12.0	64.3	35.9
	WPRP	0.0	31.0	14.1

Table 4.2 1999 ~ 2000 Village Coverage Rate of Project Villages by Number of Component (%)

Number of components	Inner Mongolia	Gansu	Total
Not attended	18.0	11.9	15.2
1 component	54.0	23.8	40.2
2 components	20.0	47.6	32.6
3 components	8.0	9.5	8.7
4 components	0.0	2.4	1.1
5 components	0.0	4.8	2.2

4.1.2 Household participation

The survey shows the loan of PRP was mainly used to develop the agricultural production, such as crop planting, animal husbandry, tree crop planting, terracing, mini-irrigation and drinking water system construction. Result from household survey indicated that 587 householdtimes in PVs attained land and farmer development activities of various anti-poverty projects since 1999. The data are 355 and 232 household-times for Inner Mongolia PVs and Gansu PVs respectively. As looking at WPRP, there are 453 household-times in PVs attended land and farmer development components, of which Inner Mongolia PVs is 315 and Gansu is 138 household-times. The survey also shows that more than half households in PVs have anticipated in poverty reduction projects (PRPs). In PVs, more than one-third households attended in WPRP.

4.1.3 Loan/subside intensity

In the past two years, per household loan/subside got by household of Inner Mongolia PVs is 440 yuan, and 506 yuan in Gansu. The survey also shows that some households in Gansu PVs get subside/loan through the labor mobility component. The detailed information about the households composition by loan/subside attained in 1999 ~ 2000 is in table 4.4.

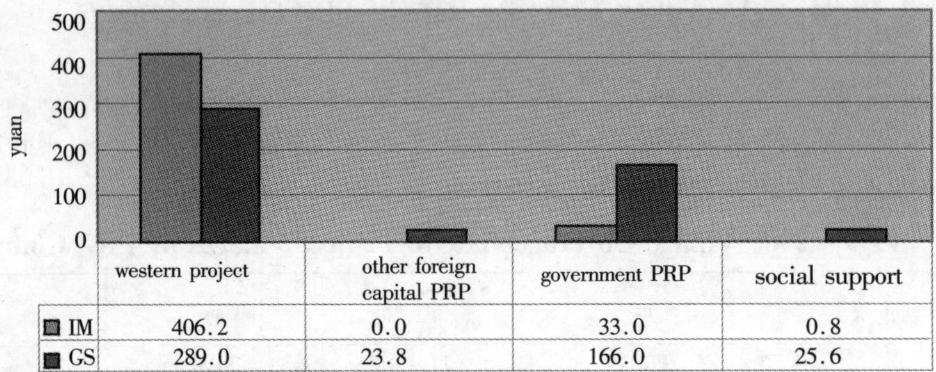

Figure 4.2 Per Household Loan/Subside from PRP by Source (Yuan)

Table 4.3 1999 ~ 2000 Household Coverage Rate of Project Villages by Source of PRP Fund (%)

(by the source of poverty reduction fund)

Source	Inner Mongolia	Gansu	Total
All poverty reduction project	47.0	53.1	49.8
#: WPRP	45.4	31.7	39.1
Other foreign capital PRP	0.0	0.2	0.1
Government PRP	7.8	21.9	14.2
Social support	6.0	2.4	4.3

Table 4.4 Household Composition by Loan/Subside Attained in 1999 ~ 2000 (%)

Loan/Subside	PRP			WPRP		
Intensity	Total	Inner Mongolia	Gansu	Total	Inner Mongolia	Gansu
Without loan/Subside	54.1	55.2	52.9	64.6	56.8	73.8
1 ~ 199 yuan	13.7	16.0	11.0	10.0	14.8	4.3
200 ~ 499 yuan	7.1	4.4	10.2	7.0	8.2	5.5
500 ~ 999 yuan	7.8	8.4	7.1	4.2	4.4	4.0
1000 ~ 1999 yuan	10.7	9.8	11.7	8.6	9.6	7.4
> = 2000 yuan	6.6	6.2	7.1	5.7	6.2	5.0

4.2 Project targeting

4.2.1 Targeting poor villages

Two years poverty monitoring survey already confirms that the inferior natural, social condition of WPRP area has the high density of poor, compared with the national average and provincial average. Hence, the WPRP itself is well targeted to poor areas. In the WPRP area, PVs bear the much severer poverty than NPVs, which means the good selection of PVs. The successful selection of PVs insures the project targeting at the poorest population to a great extent.

4.2.2 Targeting poor households

As looking the selection of project households in Inner Mongolia PVs in 1999 and 2000, the average per capita net income of WPRP project households is lower than that of non-project households, and the participation rate and loan/subside intensity of poor households is higher than other households. Meanwhile, in Gansu PVs, the average income and consumption level of project households are a little higher than other households, although they are much lower than the same type households in Inner Mongolia PVs. Moreover, the household participation rate and loan/subside intensity of poor households are lower than other households in Gansu PVs.

Table 4.5 Income and Living Expenditure by Type of PRP Participation in PVs (Yuan)

Indicator	Type of PRP participation	Total	Inner Mongolia	Gansu
Per capita net income 1999	Without PRP	1072	1304	783
	With WPRP	990	1031	909
	With other PRP	732	556	748
Per capita net income 2000	Without PRP	1040	1167	882
	With WPRP	1011	1121	793
	With other PRP	849	1366	802
Per capita living expenditure 1999	Without PRP	982	1132	795
	With WPRP	995	1037	814
	With other PRP	870	1428	820
Per capita living expenditure 2000	Without PRP	1062	1281	789
	With WPRP	1162	1228	831
	With other PRP	1117	898	1137

Table 4.6 Household Composition by Loan/Subside

Loan/Subside Intensity	Total		Inner Mongolia		Gansu	
	Poor Household	Other household	Poor Household	Other household	Poor Household	Other household
Loan/subside attained in 2000						
Without loan/subside	48.5	55.4	40.4	58.4	57.7	51.8
1 ~ 199 yuan	9.6	14.6	12.4	16.8	6.4	12.0
200 ~ 499 yuan	11.4	6.1	9.0	3.4	14.1	9.4
500 ~ 999 yuan	9.0	7.6	12.4	7.5	5.1	7.6
1000 ~ 1999 yuan	15.6	9.6	16.9	8.3	14.1	11.1
2000 yuan and more	6.0	6.8	9.0	5.6	2.6	8.2

Continue

Loan/Subside Intensity	Total		Inner Mongolia		Gansu	
	Poor Household	Other household	Poor Household	Other household	Poor Household	Other household
Loan/subside attained in 1999						
Without loan/subside	48.7	55.6	39.0	58.4	55.9	51.8
1 ~ 199yuan	18.7	12.4	18.3	15.6	18.9	8.1
200 ~ 499yuan	5.7	7.4	3.7	4.5	7.2	11.3
500 ~ 999yuan	7.8	7.8	15.9	6.9	1.8	9.1
1000 ~ 1999yuan	11.9	10.3	9.8	9.8	13.5	11.0
2000yuan and more	7.3	6.5	13.4	4.8	2.7	8.7

4.3 Impact of project activities

The average data by PVs and NPVs could reflect the living standard improvement of households in PVs, but they could not answer following questions. (1) is the living condition of poor households improved? (2) What is the actual impact of the project?

4.3.1 Improvement of poor households

The poor household is the target of WPRP. Whether the poor households are improved or not is the main issue focused by poverty monitoring system. It is also a measure of targeting of the poverty reduction project.

Figure 4.3 to Figure 4.6 are income distributions by province. X axis is the per capita net income. Y axis is accumulated frequency of population. If the distribution line shift from left to right as year by, it means the improvement of the net income. Otherwise, it means the deterioration of the net income. The low part of line shows the income situation of low-income households and upper part of line shows the income situation of high-income households.

The income distribution confirms the deterioration of low-income households in both provinces. Due to the serious drought of 2000, the poor household get worsen both in PVs and NPVs.

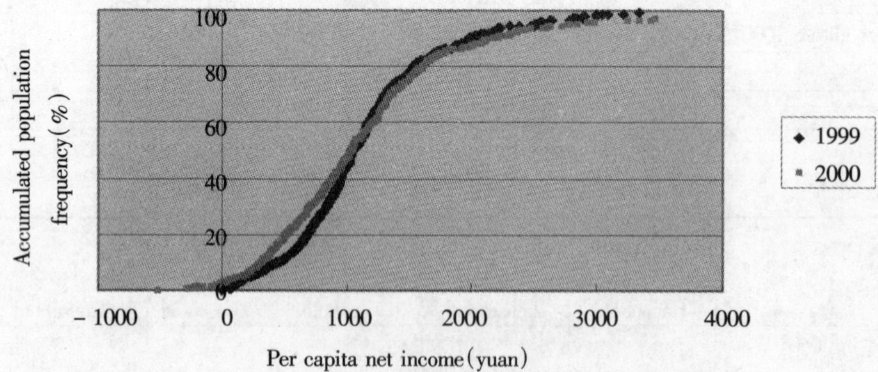

Figure 4.3 Income Distribution of Inner Mongolia PVs

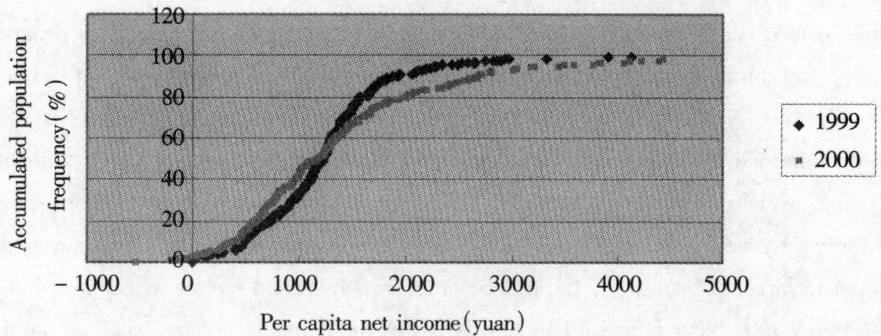

Figure 4.4 Income Distribution of Inner Mongolia NPVs

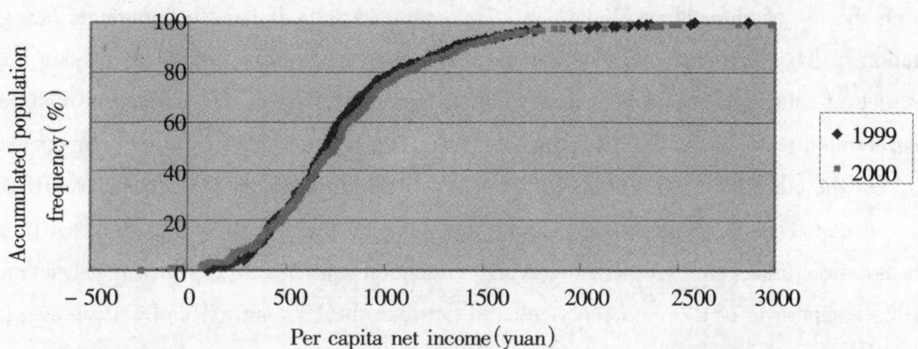

Figure 4.5 Income Distribution of Gansu PVs

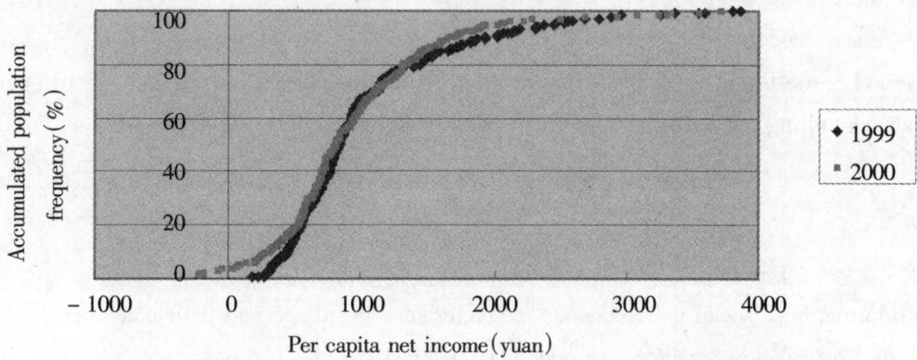

Figure 4.6 Income Distribution of Gansu NPVs

4.3.2 Impact of WPRP

4.3.2.1 Questions arising

Base on the average data of PVs and the income distribution of poor, it looks like that there are no improvement of PVs and poors. Is there any positive impact of the project on the WPRP area? If any, how much?

To answer the above questions, first of all, is to answer the following one: how to differentiate the project impacts from other factors?

The project area is an open system. At least three factors make it difficult to reflect the actual impacts of the project by using the averages:

a. The big difference exists between PVs and NPVs in initial natural factors (such as geographic environment, natural resources etc.) and initial social factors (educational level, health conditions etc.) at the beginning of the project.

The villages with inferior initial conditions have generally the lower development speed than those with relatively better initial condition if without development project. According to a study on poverty and anti-poverty policy of China[①], if without the help of government or other outside force, the difference in natural characteristics would make the difference of development larger. Meanwhile, the difference caused by social factors will diminish as the time goes on.

b. The big difference also exists between PVs and NPVs in the dynamic factors, such as natural disaster, anti-poverty policy etc., in the past two years; the local disaster in some areas would lead to the backward of economic development there.

c. The impact of anti-poverty projects other than WPRP overlaps on the project area. For all 26 project counties in the WPRP are on the list of national poor counties, the central as well as local governments pay great attention on the poverty alleviation in those counties. Various anti-poverty projects including WPRP have been implementing.

In the infrastructure construction and personnel training targeting villages, if a village is included in the list of, for example, constructing a new road in WPRP, it usually could not be included in similar components in other poverty reduction projects. On the other hand, if a village without school or clinic is not included by WPRP, it is likely to be included in other projects. Thus it is reasonable to make a conclusion that WPRP has made great progress in rural infrastructure, such as power and water supplement, road, education and health facilities construction, and personnel training, through the comparison of PVs between years and between the PVs and NPVs by using average village data in Chapter 2.

In the land and farmer development and some other activities which targeting households, the various projects are overlapped. It means that the other anti-poverty projects exist in the NPVs as well as in PVs. It makes to differentiate the effects of WPRP much more complicated.

4.3.2.2 Regression model

Regression method is used here to evaluate whether the WPRP has significant impacts on the per capita net income of PVs through controlling the initial factors (both natural and social). Following regression equitation is adopt:

$$\log y_t = a + \sum b_i xc_i + \sum c_i xh_i + e$$

In which:

$\log y_t$ refers to log per capita net income in t year;

xc refers to initial natural, social and economic characteristics of village and their changes;

xh refers to initial household characteristics and their changes.

The reference household is :

a. belonging to NPVs, no road, no telephone, no electricity, inaccessible to TV program, the distance to county town and town between 2 ~ 5 km, no irrigating land, belong to minority group.

b. the couples with one child, the highest education level of labour is primary school (4 ~ 6 grade), and is not participated in poverty reduction project.

4.3.2.3 Regression results

Due to the obviously difference between Inner Mongolia and Gansu project areas, the regression is done separately for the two areas. The main find from the regression is as follows:

a. the relationship between village characteristics and the per capita net income.

① [Spatial Poverty Trap] Martin Ravallion and Jyotsna Jalan.

Generally speaking, the villages with long distance to county town and town or being a minority village have the negative impact on the per capita net income. It is strange to find that the accessing to road, telephone and electricity also have negative impact on the income 2000, while they have the significant positive effect on income 1999. The main reason is the villages inaccessible to basic infrastructure have much higher weight of animal husbandry in production, compared with other village. In a drought year like 2000, those inaccessible to basic infrastructure may benefit from the low crop planting weight and high animal husbandry weight.

b. Relationship between household characteristics and per capita net income.

The regression shows the irrigation, weight of animal husbandry have significant positive impact on income, and the weight of crop planting have the significant negative impact. In addition, those with higher income level in baseline year, higher education level of labor, more productive fixed asset and input have the higher income in 2000. On the other hand, the larger of household size and the higher the burden ratio of labor, the lower of income. Regression also show that in Gansu, the labour mobility significantly promoted the income and in Inner Mongolia the non-agricultural production promoted the income more.

c. Relationship between poverty reduction project and per capita net income.

Regression results indicator that the project activities in animal husbandry in previous year and the crop planting in same year have positive impacts on income of year 2000. In Inner Mongolia the micro-irrigating and land construction also have very obviously positive effects on income of participants. The animal husbandry activities in the same year with the negative impact on the income may due to its longer production period. The crop planting activities in previous year show negative impact for the short benefit period of crop planting. Other project activities do not show significant results in the regression.

Table 4.7 Regression Results

Factors	Inner Mongolia			Gansu		
	Parameter	Prob. > |T|		Parameter	Prob. > |T|	
Interceptor	6.53	0.00	**	5.90	0.00	**
Project village	0.07	0.41		0.19	0.02	**
With irrigating land	0.16	0.04	**	0.17	0.02	**
Accessible to road	-0.23	0.05	**	-0.19	0.11	
Accessible to telephone	-0.27	0.00	**	0.23	0.00	**
Connected to power net	-0.29	0.06	*	0.12	0.40	
Minority group village	-0.23	0.07	*	-0.26	0.11	
Distance to county town is 5 ~ 10 km	-0.63	0.00	**	0.01	0.90	
10 ~ 20 km	-0.75	0.00	**	0.22	0.16	
20 km and more	-0.91	0.00	**	-0.27	0.01	**
Distance to town is less than 2 km	-0.13	0.29		0.22	0.02	**
5 ~ 10km	-0.06	0.49		0.15	0.04	**
10 ~ 20km	-0.06	0.49		-0.26	0.02	**
Log of per capita living expenditure 1999	0.12	0.17		0.16	0.01	**
Log of per capita productive fixed assets 1999	0.02	0.61		0.03	0.21	
Log of per capita input 1999	0.27	0.00	**	-0.06	0.22	
Log of per capita cultivated land	-0.09	0.17		0.08	0.16	
Household type: shop keeper				-0.52	0.00	**
Village cadre	-0.54	0.00	**	-0.03	0.64	
Village cadre and owner of private enterprise	0.78	0.01	**	0.02	0.88	

Continue

Factors	Inner Mongolia			Gansu		
	Parameter	Prob. > |T|		Parameter	Prob. > |T|	
Family structure: single or couple	0.54	0.00	**			
Couple with 2 children	0.06	0.50		0.14	0.34	
Couple with 3 children	0.12	0.31		-0.04	0.78	
One parent and children	-0.40	0.00	**			
Extension family	-0.13	0.33		0.06	0.72	
Other household	0.19	0.29		0.43	0.05	**
Household size	-0.11	0.00	**	-0.06	0.00	**
Burden ratio of labour	0.02	0.88		-0.17	0.16	*
Highest education level attain by labour: illiteracy	0.00	1.00		-0.18	0.07	
Junior middle school	0.04	0.64		-0.03	0.67	
Senior middle school	0.21	0.04	**	0.00	0.96	
Technical school	0.25	0.18		0.31	0.09	*
Weight of working month in Non-agricultural production	0.87	0.00	**	-0.13	0.43	
Weight of working month outside the village	-0.61	0.04	**	1.17	0.00	**
Weight of income from animal husbandry in gross income of family business	0.15	0.51		-0.16	0.45	
Weight of income from crop planting in gross income of family business	-0.82	0.00	**	-0.35	0.02	**
Participated in crop planting of PRP in 1999	-0.30	0.00		-0.06	0.53	
Participated in animal husbandry of PRP in 1999	0.30	0.02	**	0.21	0.05	**
Participated in tree crop planting PRP in 1999				-0.19	0.19	
Participated in other production of PRP in 1999	-0.08	0.80				
Participated in micro-irrigating etc. of PRP in 1999	0.35	0.05	**	0.11	0.46	
Participated in labor mobility of PRP in 1999				-0.28	0.21	
Participated in crop planting of PRP in 1999	0.23	0.20		0.12	0.23	
Participated in animal husbandry of PRP in 1999	-0.45	0.10		-2.11	0.00	**
Participated in tree crop planting PRP in 1999				0.43	0.46	
Participated in other production of PRP in 1999	0.34	0.21				

Dependant variable: log of per capita net income of 2000.

Fvalue: Inner Mongolia 5.338 Gansu 5.128

R^2: Inner Mongolia 0.2421 Gansu 0.3052

**** : having very significant effect on dependent variable.**

*** : having significant effect on dependent variable.**

4.4 Conclusion

The survey shows all kind of the project activities are carried out by the end of 2000. About 85% project villages and more than half of the households in the project villages are involved in the project. Survey also shows the fairly good targeting of the project, evidenced not only by the well selection of village, but also by the selection of project household. By the province, Gansu shows the relative higher speed of project implement, and Inner Mongolia show the better project targeting. In Inner Mongolia, the economic condition of project households is obviously worse than of other households and the poor households have priority to take part in the project.

The regerssion resuits also shows the project household benefited from the project activities. When control other factors, the animal husbandry activities, micro irrigating and land construction of 1999 have the significant positive impact on the project households.

附录一：1999

Appendix Ⅰ：

一、1999 年社区调查资料

Community Data 1999

表 1－1　社区基

Basic Information

指标名称	Name of Indices	单位	Unit
一、调查村总数	Ⅰ. Total survey villages	个	Unit
二、调查村总户数	Ⅱ. Total households of survey villages	户	Household
三、人口状况	Ⅲ. Population		
调查村总人口	Total population	人	Person(p)
其中：男性	Male	%	
女性	Female	%	
少数民族人口	Population of rare nationatives	人	p
7～15 岁学龄儿童数	Age 7～15	人	p
四、劳动力状况	Ⅳ. Labor		
1. 调查村总劳动力	1. Total labor force	人	p
其中：男性	Male	%	
女性	Female	%	
2. 调查村乡村企业从业人口	2. Employees in township enterprises	人	p
五、调查村土地资源情况	Ⅴ. Resource		
1. 耕地面积	1. Cultivated area	亩	Mu
其中：有效灌溉面积	# Irrigated area	亩	Mu
梯田面积	Terraced fields area	亩	Mu
2. 林地面积	2. Area of forestry	亩	Mu
其中：薪炭林	# Industrial forestry	亩	Mu
3. 桑茶果园面积	3. Mulberry & fruit field	亩	Mu
4. 牧草地面积	4. Wild hilly or grassland	亩	Mu
其中：草库仑面积	# fenced grassland	亩	Mu
5. 养殖水面面积	5. Water areas	亩	Mu
六、农作物播种面积	Ⅵ. Sown area		
1. 小麦	1. Wheat	亩	Mu
2. 玉米	2. Corn	亩	Mu
3. 马铃薯	3. Potato	亩	Mu
4. 其他粮食作物	4. Others grain	亩	Mu
5. 其他作物播种面积	5. Area of other crops	亩	Mu
七、主要经济发展指标	Ⅶ. Major economic indicators		
1. 粮食生产量	1. Output of grain	吨	Tn
2. 年末猪存栏头数	2. Hogs at year-end	头	Unit
3. 年末牛存栏头数	3. Cattle at year-end	头	Unit
4. 年末马存栏匹数	4. Horse at year-end	匹	Unit
5. 年末羊存栏只数	5. Sheep at year-end	只	Unit
6. 年末家禽存栏只数	6. Poultry at year-end	只	Unit
八、农业技术应用情况	Ⅷ. Technology application		
使用农用膜的村比重（%）	1. Villages using plastic film	个	Unit
有大棚的村比重（%）	2. Villages with green house	个	Unit
使用植物良种的村比重（%）	3. Villages using improvrd strain of crop	个	Unit
使用动物良种的村比重（%）	4. Villages using improved strain of animal	个	Unit

年调查资料
Date 1999

本情况（1999）
of community 1999

合计 Total		内蒙古 Inner Mongolia		甘肃 Gansu	
项目村 Project	非项目村 Nonproject	项目村 Project	非项目村 Nonproject	项目村 Project	非项目村 Nonproject
92	58	50	30	42	28
21631	16530	13127	8825	8504	7705
92506	74080	53147	36591	39359	37489
52.9	51.4	53.6	51.4	51.9	51.4
47.1	48.6	46.4	48.6	48.1	48.6
5291	4352	4958	4276	333	76
13502	12168	6893	5792	6609	6376
45547	33741	26262	16947	19285	16794
54.3	54.7	54.2	54.8	54.5	54.53
45.7	45.3	45.8	45.2	45.5	45.47
76	456	65	275	11	181
542703	305491	462263	249615	80440	55876
37462	40260	34564	28119	2898	12141
26386	31095	6090	9732	20296	21363
90873	93321	63125	82839	27748	10482
16885	10672	5748	3917	11137	6755
3149	2342	378	321	2771	2021
793860	423416	768315	417884	25545	5532
20330	11097	20330	11097		
67	19	50		17	19
156705	80079	120279	58494	36426	21585
42608	41968	32564	29277	10044	12691
71863	52977	61048	43081	10815	9896
112984	57219	102932	51590	10052	5629
79807	42328	63483	32092	16324	10236
2829	2575	1947	1756	8816	8196
26556	20516	15516	10164	11040	10352
17076	12421	11275	9569	5801	2852
10594	22642	6943	5317	3651	17325
124452	66088	118314	63531	6138	2557
97174	160384	69207	129858	27967	30526
93.3	89.7	95.9	86.7	90.2	92.9
3.6	11.3	4.2	10.3	2.8	12.5
				90.5	92.9
60.7	54.7	75.0	62.1	41.7	45.8

表 1-2 地 理

Localtion

指 标 名 称	Name of Indices
位置及基本设施	Local & rural infrastructure
1. 地势：平原	1. Geographic patten: Plain
丘陵	Hills
山区	Mountain
2. 离县城距离：0<2 公里	2. Distance to county: 0<2km
2~5 公里	2~5km
5~10 公里	5~10km
10~20 公里	10~20km
20 公里以上	20km over
3. 离乡镇距离：0<2 公里	3. Distance to town: 0<2km
2~5 公里	2~5km
5~10 公里	5~10km
10~20 公里	10~20km
20 公里以上	20km over
4. 离最近集市距离：0<2 公里	4. Distance near market: 0<2km
2~5 公里	2~5km
5~10 公里	5~10km
10~20 公里	10~20km
20 公里以上	20km over
5. 离汽车站距离：0<2 公里	5. Distance to bus station: 0<2km
2~5 公里	2~5km
5~10 公里	5~10km
10~20 公里	10~20km
20 公里以上	20km over
6. 离邮电所距离：0<2 公里	6. Distance to post office: 0<2km
2~5 公里	2~5km
5~10 公里	5~10km
10~20 公里	10~20km
20 公里以上	20km over

位置（1999）

1999

合计 Total（%）		内蒙古 Inner Mongolia（%）		甘肃 Gansu（%）	
项目村 Project	非项目村 Nonproject	项目村 Project	非项目村 Nonproject	项目村 Project	非项目村 Nonproject
7.6		12.0		2.4	
46.7	48.3	86.0	93.3		
45.7	51.7	2.0	6.7	97.6	100.0
	5.2	0.0	6.7		3.6
	8.6		3.3		14.3
5.4	15.5	6.0	20.0	4.8	10.7
9.8	24.1	6.0	30.0	14.3	17.9
84.8	46.6	88.0	40.0	81.0	53.6
20.7	17.2	24.0	20.0	16.7	14.3
31.5	46.6	28.0	40.0	35.7	53.6
37.0	27.6	36.0	30.0	38.1	25.0
9.8	6.9	12.0	10.0	7.1	3.6
1.1	1.7			2.4	3.6
14.1	13.8	20.0	20.0	7.1	7.1
21.7	37.9	10.0	20.0	35.7	57.1
21.7	22.4	14.0	23.3	31.0	21.4
17.4	12.1	16.0	13.3	19.1	10.7
25.0	13.8	40.0	23.3	7.1	3.6
19.6	19.0	28.0	20.0	9.5	17.9
19.6	36.2	18.0	23.3	21.4	50.0
15.2	12.1	8.0	16.7	23.8	7.1
9.8	8.6	4.0	10.0	16.7	7.1
35.9	24.1	42.0	30.0	28.6	17.9
17.4	15.5	28.0	16.7	4.8	14.3
28.3	43.1	24.0	40.0	33.3	46.4
32.6	27.6	34.0	33.3	31.0	21.4
14.1	6.9	12.0	6.7	16.7	7.1
7.6	6.9	2.0	3.3	14.3	10.7

表 1－3　农村基础设施、基本
Rural Infrastructure，Basic Educa

指 标 名 称	Name of Indices	单 位 Unit
一、社区基础设施	Ⅰ. Basic facilities	
1. 使用照明电的村比重	1. Prop. of villages using electricity	%
2. 通公路的村的比重	2. Prop. of villages connecting to highway	%
3. 通电话的村的比重	3. Prop. of villages with phone	%
4. 有有线广播村的比重	4. Prop. of villages with line-broadcasting	%
5. 能接收电视节目村的比重	5. Prop. of villages receiving TV Project	%
6. 有灌溉耕地的村比重	6. Rate of villages with irrigated area	%
7. 有小学的村的比重	7. Villages with primary school	%
8. 有卫生所的村的比重	8. Villages with clinic	%
9. 有乡村医生的村的比重	9. Villages with doctor	%
10. 有合格接生员的村的比重	10. Villages with qualified midwife	%
二、小学设备及人员数量	Ⅱ. Information of primary school	
1. 教室间数	1. Number of classrooms	间 Room
2. 教室面积	2. Area of classrooms	平方米 m^2
3. 危房面积	3. Area of dangerous classrooms	平方米 m^2
4. 教师人数	4. Number of teachers	人 P
5. 合格教师人数	5. Number of qualified teachers	人 P
6. 女教师人数	6. Number of female teachers	人 P
7. 合格女教师人数	7. Number of qualified female teachers	人 P
8. 学生人数	8. Number of students	人 P
9. 女学生人数	9. Number of female students	人 P
三、村卫生所设备数量	Ⅲ. Information of village clinic	
1. 听诊器数量	1. Quantity of stethoscopes	个 Unit
2. 血压计数量	2. Quantity of sphygmomanometers	个 Unit
3. 体温计数量	3. Quantity of thermometers	个 Unit
4. 注射器数量	4. Quantity of injectors	套 Set
5. 冰箱数量	5. Quantity of refrigerators	台 Unit
6. 药柜数量	6. Quantity of medicine cases	个 Unit

文教卫生设备和人员（1999）

tion & Health Facility and Personal 1999

合计 Total		内蒙古 Inner Mongolia		甘肃 Gansu	
项目村 Project	非项目村 Nonproject	项目村 Project	非项目村 Nonproject	项目村 Project	非项目村 Nonproject
93.5	91.4	96.0	96.7	90.5	85.71
85.9	79.3	86.0	73.3	85.7	85.71
31.5	50.0	38.0	50.0	23.81	50
16.3	24.1	16.0	13.3	16.67	35.71
97.8	93.1	100.0	100.0	95.24	85.71
52.2	60.3	74.0	63.3	26.19	57.14
93.48	96.6	98.0	100.0	88.1	92.9
57.61	69.0	50.0	56.7	66.7	82.1
84.78	87.9	82.0	86.7	88.1	89.3
54.35	48.3	52.0	43.3	57.1	53.6
871	825	539	354	332	471
17611	19557	10967	7699	6644	11858
1684	1341	667	785	1017	556
548	531	331	216	217	315
476	492	321	208	155	284
130	209	97	85	33	124
107	190	89	81	18	109
11295	10017	4804	3450	6491	6567
4616	4888	2343	1813	2273	3075
104	79	47	26	57	53
96	66	49	26	47	40
157	166	74	54	83	112
314	171	228	74	86	97
17	10	7	6	10	4
77	79	26	22	51	57

二、1999年农户调查资料
Household Data 1999

表2－1　农户基本
Basic Information

指 标 名 称	Name of Indices	单 位 Unit	
一、调查户数	Ⅰ.Number of Households surveyed	户	household (h)
二、调查人口数	Ⅱ.Number of Persons survey	人	person (p)
三、平均每户人口	Ⅲ.Persons per household	人	person (p) /h
四、家庭财产拥有状况	Ⅳ.Property		
（一）住房情况	A.Housing		
1.住房面积	1.Area	平方米/人	M^2/p
2.住房价值	2.Value	元/平方米	Yuan/M^2
（二）年末畜禽存栏状况	B.Livestock at year-end		
1.牛	1.Cattle	头/百户	Head/100h
2.马	2.Horse	匹/百户	Head/100h
3.羊	3.Sheep	只/百户	Head/100h
4.猪	4.Hogs	头/百户	Head/100h
5.家禽	5.Poultry	只/百户	Head/100h
（三）年末拥有耐用消费品情况	C.Durable goods at year-end		
1.收音机	1.Radio sets	台/百户	Unit/100h
2.收录机	2.Recorders	台/百户	Unit/100h
3.电视机	3.TV set	台/百户	Unit/100h
4.自行车	4.Bicycle	辆/百户	Unit/100h
5.缝纫机	5.Sowing machine	架/百户	Unit/100h
6.摩托车	6.Motorcycle	辆/百户	Unit/100h
（四）平均每百户 生产性固定资产拥有情况	D.Productive fixed assets at year-end		
1.手扶拖拉机	1.Walking tractor	台/百户	Unit/100h
2.大中型拖拉机	2.Large & medium trucks	台/百户	Unit/100h
3.汽车	3.Automobile	辆/百户	Unit/100h
4.胶轮大车	4.Carts with rubber tires	台/百户	Unit/100h
5.收割机	5.Harvester	台/百户	Unit/100h
6.脱粒机	6.Threshing Machines	台/百户	Unit/100h
7.水泵	7.Water pumps	台/百户	Unit/100h
8.架子车或板车	8.Hand carts	辆/百户	Unit/100h
9.其他农用动力机械	9.Other Machinery	台/百户	Unit/100h
（五）平均每户年末 生产性固定资产价值	E.Original value of productive fixed assets	元/户	yuan/h
#年末生产用房价值	# Original value of productive house	元/户	yuan/h

情况（1999）
of Household 1999

合计 Total		内蒙古 Inner Mongolia		甘肃 Gansu	
项目村 Project	非项目村 Nonproject	项目村 Project	非项目村 Nonproject	项目村 Project	非项目村 Nonproject
920	580	500	300	420	280
3984	2511	1936	1178	2048	1333
4.33	4.33	3.87	3.93	4.88	4.76
12.82	13.54	12.26	13.77	13.35	13.33
97.66	107.96	83.42	85.71	110.30	128.21
107.98	109.83	135.80	172.67	74.86	42.50
38.71	31.38	40.60	37.33	36.45	25.00
767.07	535.69	1337.00	996.33	88.57	42.14
154.35	160.52	161.40	148.67	145.95	173.21
464.67	458.45	541.60	557.33	373.10	352.50
20.65	20.86	19.00	20.00	22.62	21.79
37.07	39.14	34.20	36.00	40.48	42.50
76.96	81.03	89.40	89.33	62.14	72.14
66.63	85.17	76.40	89.00	55.00	81.07
60.87	63.97	68.00	72.67	52.38	54.64
8.7	9.66	14.60	16.33	1.67	2.50
16.96	13.16	26.40	19.43	5.71	6.43
4.46	3.53	7.00	5.33	1.43	1.61
0.76	0.34	0.60	0	0.95	0.71
9.02	9.83	16.60	19.00		
0.65	0.86	1.20	1.67		
1.09	1.21	1.20	1.33	0.95	1.07
8.68	7.59	13.58	10.00	2.86	5.00
31.96	35.69	26.40	25.00	38.57	47.14
12.39	12.07	18.40	18.67	5.24	5.00
3390.14	3175.03	4643.14	4502.60	1898.46	1752.64
441.48	464.81	494.84	597.92	377.95	341.49

表 2-2 人均承包土地和农
Land Using and Agricultural

指 标 名 称	Name of Indices	单 位 Unit	
一、承包耕地及自留地面积	Ⅰ. Area of cultivated land		
1. 耕地面积	1. Contracted land	亩	Mu
其中：灌溉面积	Of which: irrigated area	亩	Mu
梯田面积	terraced fields area	亩	Mu
2. 林地面积	2. Area of forestry	亩	Mu
其中：薪炭林面积	Of which: industrial forestry	亩	Mu
3. 桑茶果园面积	3. Mulberry & fruit fields	亩	Mu
4. 荒山或荒坡面积	4. Contracted hilly area or grassland	亩	Mu
5. 草地面积	5. Wild hilly or grassland	亩	Mu
其中：草库仑面积	Of which: fenced grassland	亩	Mu
二、农作物播种面积	Ⅱ. Sown Area		
1. 粮食播种面积	1. Area of grain crop sown	亩	Mu
（1）小麦	(1) Area for wheat	亩	Mu
（2）玉米	(2) Area for corn	亩	Mu
（3）马铃薯	(3) Area for potato	亩	Mu
（4）其他粮食播种面积	(4) Area for others	亩	Mu
2. 其他作物播种面积	2. Area of other crops	亩	Mu
三、农业技术应用情况	Ⅲ. Agricultural technical application		
1. 使用薄膜面积	1. Area covered by plastic film	亩	Mu
2. 种植业良种播种面积	2. Area for improved variety	亩	Mu
3. 良种产品畜头数	3. Unit of fine breed	头	unit
4. 温室面积	4. Area of hothouse	亩	Mu

作物播种面积情况（1999）

Technical Application 1999

合计 Total		内蒙古 Inner Mongolia		甘肃 Gansu	
项目村 Project	非项目村 Nonproject	项目村 Project	非项目村 Nonproject	项目村 Project	非项目村 Nonproject
5.43	5.01	9.27	8.75	1.79	1.72
0.36	0.51	0.64	0.77	0.10	0.28
0.22	0.35	0.05	0.31	0.38	0.38
0.23	0.11	0.12	0.09	0.33	0.12
0.04	0.04		0.04	0.08	0.04
0.04	0.06	0.03		0.04	0.12
0.49	0.63	0.76	1.11	0.23	0.20
6.94	7.22	14.21	15.43	0.06	0.02
0.15	0.03	0.32	0.07		
4.10	3.87	6.77	6.54	1.58	1.52
1.69	1.61	2.43	2.42	0.99	0.90
0.52	0.46	0.82	0.73	0.23	0.21
0.73	0.72	1.27	1.32	0.21	0.19
1.17	1.09	2.24	2.07	0.15	0.22
1.00	0.93	1.79	1.66	0.26	0.30
0.29	0.24	0.41	0.37	0.18	0.12
1.26	1.21	2.19	2.29	0.39	0.25
0.06	0.04	0.10	0.07	0.01	0.02
					0.01

表2-3 人均主要农作物及畜禽
Outputs and sales of Major Farm

指 标 名 称	Name of Indices	单 位	Unit
一、农作物及畜禽产品生产情况	Ⅰ.Output of farm products，livestock poultry		
1. 粮食产量	1. Grain	公斤/人	kg/p
2. 棉花产量	2. Cotton	公斤/人	kg/p
3. 油料产量	3. Oil-bearing	公斤/人	kg/p
4. 烟叶产量	4. Fruit	公斤/人	kg/p
5. 蔬菜产量	5. Vegetable	公斤/人	kg/p
6. 其他作物产量	6. Others	公斤/人	kg/p
7. 出栏活畜肉重	7. Hogs	公斤/户	kg/h
8. 生产羊毛羊绒	8. Sheep's wool	公斤/户	kg/h
9. 饲养家禽	9. Poultry	公斤/户	kg/h
10. 禽蛋产量	10. Egg	公斤/户	kg/h
二、农作物及畜禽产品出售情况	Ⅱ.Sale of farm products，livestock & poultry		
1. 粮食出售量	1. Grain	公斤/人	kg/p
2. 棉花出售量	2. Cotton	公斤/人	kg/p
3. 油料出售量	3. Oil-bearing	公斤/人	kg/p
4. 出售烟叶	4. Fruit	公斤/人	kg/p
5. 蔬菜出售量	5. Vegetable	公斤/人	kg/p
6. 其他农作物出售量	6. Other farm products	公斤/人	kg/p
7. 畜肉出售量	7. Pork	公斤/人	kg/h
8. 羊毛羊绒出售量	8. Wool	公斤/人	kg/h
9. 家禽肉出售量	9. Poultry	公斤/人	kg/h
10. 禽蛋出售量	10. Egg	公斤/人	kg/h
三、粮食储备	Ⅲ.Grain stock		
1. 年末存粮	1. Grain stock at year-end	公斤/人	kg/p
（1）小麦	（1） Wheat	公斤/人	kg/p
（2）稻谷	（2） Rice	公斤/人	kg/p
（3）玉米	（3） Corn	公斤/人	kg/p
（4）马铃薯	（4） Potato	公斤/人	kg/p
（5）其他	（5） Others	公斤/人	kg/p
2. 存粮用途	2. Grain stock by usage		
（1）生活用粮	（1） Grain for living	公斤/人	kg/p
（2）饲料用粮	（2） Grain for forage	公斤/人	kg/p
（3）种子用粮	（3） Grain for seeds	公斤/人	kg/p
（4）其他用粮	（4） Grain for others	公斤/人	kg/p

生产和出售情况（1999）

Products，Livestock & Poultry 1999

合计 Total		内蒙古 Inner Mongolia		甘肃 Gansu	
项目村 Project	非项目村 Nonproject	项目村 Project	非项目村 Nonproject	项目村 Project	非项目村 Nonproject
431.87	474.44	593.28	651.32	279.12	319.06
0.13	0.04	0.00	0.00	0.24	0.08
51.48	44.68	93.21	83.16	11.98	10.88
14.95	14.49	2.32	0.00	26.89	27.22
69.79	102.41	109.33	136.18	32.37	72.74
102.89	166.54	170.80	251.68	38.64	91.75
35.16	36.49	52.62	49.11	18.64	25.41
2.76	2.99	5.59	6.36	0.08	0.04
0.39	0.38	0.38	0.43	0.39	0.34
2.78	2.88	3.36	4.30	2.23	1.63
60.84	80.89	115.59	150.73	9.03	19.55
0.00	0.03				0.05
23.01	23.50	43.70	46.50	3.42	3.29
9.98	10.34	2.22		17.32	19.42
42.49	74.31	78.45	112.69	8.46	40.60
8.89	24.99	4.06	24.90	13.45	25.08
15.88	16.48	25.26	25.60	7.00	8.46
2.54	2.83	5.19	6.02	0.03	0.03
0.14	0.15	0.11	0.15	0.17	0.16
1.05	0.84	0.65	0.91	1.42	0.79
333.20	336.70	533.53	542.62	143.63	155.82
159.36	165.59	240.17	250.57	82.89	90.94
1.80	7.52	2.02	3.16	1.60	11.35
65.65	58.24	100.53	92.93	32.65	27.76
45.03	45.06	72.65	76.91	18.90	17.08
60.96	61.41	117.62	119.82	7.35	10.10
174.73	187.74	248.54	253.37	104.88	130.06
66.62	55.19	116.29	95.23	19.61	20.01
37.98	41.00	63.53	76.42	13.81	9.89
49.73	55.55	95.91	114.41	6.03	3.85

表 2-4 人均总收入
Per Capita Gross

指 标 名 称	Name of Indices	单 位 Unit
一、全年总收入	Ⅰ. Gross Income	元 yuan
（一）基本收入	A. Basic income	元 yuan
1. 工资性收入	1. Wage or salary	元 yuan
（1）在非企业组织中得到的收入	（1）Income from non-enterprises	元 yuan
（2）在本地企业中得到的收入	（2）Income from local-enterprises	元 yuan
#从第一产业得到的收入	Of which：from 1st industry	元 yuan
从第二产业得到的收入	Form 2nd industry	元 yuan
从第三产业得到的收入	From 3rd industry	元 yuan
（3）常住人口外出劳动从业得到的收入	（3）Income from out-side labor	元 yuan
#从第一产业得到的收入	Of which：from 1st industry	元 yuan
从第二产业得到的收入	Form 2nd industry	元 yuan
从第三产业得到的收入	From 3rd industry	元 yuan
（4）其他工资性收入	（4）Other income	元 yuan
2. 家庭经营收入	2. Income from family business	元 yuan
（二）转移性收入	B. Transfer income	元 yuan
#1. 在外人口寄回和带回	Of which：1. remittance	元 yuan
2. 农村外亲友赠送	2. gift from Non-rural relatives	元 yuan
3. 调查补贴	3. survey subside	元 yuan
4. 救济金及实物	4. from relief fund	元 yuan
#用于儿童教育的现金补贴	Children education subsidy	元 yuan
其他实物补贴折价	Others material subsidy	元 yuan
（三）财产性收入	C. Property income	元 yuan
二、全年纯收入	Ⅱ. Net income per capita	元 yuan
（一）基本收入	A. Basic income	元 yuan
1. 工资性收入	1. Wage or salary	元 yuan
2. 家庭经营纯收入	2. Net income from family business	元 yuan
（二）转移性收入	B. Transfer income	元 yuan
（三）财产性收入	C. Property income	元 yuan

和纯收入（1999）
& Net Income 1999

合计 Total		内蒙古 Inner Mongolia		甘肃 Gansu	
项目村 Project	非项目村 Nonproject	项目村 Project	非项目村 Nonproject	项目村 Project	非项目村 Nonproject
1551.55	1709.45	2017.38	2100.36	1111.61	1365.49
1514.39	1666.14	1970.99	2061.54	1082.32	1318.80
243.80	288.14	218.92	267.92	267.34	305.91
36.14	34.16	53.54	48.89	19.68	21.22
34.30	51.29	44.30	47.59	24.83	54.63
7.60	11.28	10.92	3.99	4.45	17.68
13.28	23.02	17.11	25.91	9.66	20.48
13.42	16.99	16.27	17.69	10.72	16.37
132.19	147.04	64.67	116.87	196.07	173.55
14.56	5.24	1.55	1.61	26.87	8.43
72.96	81.02	17.90	32.56	125.06	123.58
44.67	60.76	45.23	82.65	44.14	41.54
41.17	55.66	56.40	54.57	26.76	56.61
1270.59	1378.00	1752.07	1793.62	814.98	1012.89
34.78	39.70	42.65	34.77	28.21	43.48
17.14	21.11	15.22	9.63	18.95	31.19
11.95	13.63	19.20	18.03	5.09	9.76
2.14	1.71	4.30	3.67	0.09	
0.65	0.63	0.13	0.64	1.15	0.62
0.00	0.03	0.00	0.00		0.05
0.01	0.00	0.00	0.00	0.02	0.01
1.93	3.62	2.83	4.08	1.08	3.21
955.89	1108.38	1167.48	1234.96	756.50	988.69
920.87	1066.77	1125.39	1208.81	727.36	941.19
243.80	288.14	218.92	267.92	267.34	305.10
677.07	778.63	906.47	940.89	460.02	636.09
32.64	37.99	41.35	31.10	28.12	43.48
1.93	3.62	2.83	4.08	1.08	3.21

表2-5 人均家庭
Per Capita Income from

指标名称	Name of Indices	单位 Unit
家庭经营收入	Income from family business	元 yuan
1. 种植业收入	1. Farming income	元 yuan
(1) 粮食收入	(1) Grain	元 yuan
(2) 棉花收入	(2) Cotton	元 yuan
(3) 油料收入	(3) Oil-bearing	元 yuan
(4) 水果收入	(4) Fruit	元 yuan
(5) 蔬菜收入	(5) Vegetable	元 yuan
(6) 其他作物收入	(6) Other crops	元 yuan
2. 牧业收入	2. Income from animal husbandry	元 yuan
(1) 养畜收入	(1) Hog	元 yuan
(2) 羊毛羊绒收入	(2) Sheep's wool	元 yuan
(3) 皮革收入	(3) Leather	元 yuan
(4) 饲养家禽收入	(4) Poultry	元 yuan
(5) 禽蛋收入	(5) Egg	元 yuan
(6) 其他牧业收入	(6) Others	元 yuan
3. 林业收入	3. Forestry income	元 yuan
#出售林产品收入	Of which：sale forestry products	元 yuan
4. 手工业收入	4. Income of handicraft industry	元 yuan
#出售产品收入	Of which：sale of handicraft	元 yuan
5. 采集捕猎收入	5. Income from gathering，Hunting	元 yuan
6. 工业收入	6. Industry income	元 yuan
7. 建筑业收入	7. Construction income	元 yuan
8. 交通运输邮电业收入	8. Transportation income	元 yuan
9. 批发零售贸易餐饮业收入	9. Wholesale，retail，diet income	元 yuan
10. 社会服务业收入	10. Income from social service	元 yuan
11. 文教卫生业收入	11. Income from teaching & health	元 yuan
12. 其他收入	12. Other income	元 yuan

经营收入（1999）
Household Business 1999

合计 Total		内蒙古 Inner Mongolia		甘肃 Gansu	
项目村 Project	非项目村 Nonproject	项目村 Project	非项目村 Nonproject	项目村 Project	非项目村 Nonproject
1270.59	1378.00	1752.07	1793.62	814.98	1012.89
715.46	826.19	997.35	1074.72	448.71	607.87
496.80	546.00	698.88	769.40	305.58	349.75
0.32	0.45	0.00	0.00	0.62	0.84
116.87	100.79	207.64	185.53	30.99	26.35
				15.39	18.48
30.51	52.04	45.32	57.27	16.49	47.45
58.95	112.68	38.03	53.13	79.64	165.00
357.21	322.02	585.21	526.61	141.45	142.29
253.53	237.61	400.26	374.86	114.67	117.04
54.90	32.56	111.41	69.37	1.43	0.22
1.52	1.20	3.13	2.56		
3.01	2.77	2.40	3.24	3.57	2.36
14.91	14.68	16.91	20.44	13.01	9.61
26.63	26.36	44.29	48.22	8.77	13.06
19.28	10.00	6.19	1.87	31.67	17.14
17.40	9.03	5.75	0.85	28.41	16.22
7.74	11.25	0.18	12.65	14.90	10.03
2.60	4.98	0.00	4.92	5.06	5.02
25.19	26.82	24.37	30.14	25.96	23.90
14.91	21.45	10.25	19.90	19.33	22.82
3.60	15.19	6.33	1.44	1.03	27.26
29.07	37.77	18.42	16.03	39.16	56.86
31.20	19.54	19.92	13.15	41.88	25.15
5.42	6.76	8.16	9.47	2.83	4.38
9.69	12.94	5.34	16.27	13.80	10.00
53.17	68.29	73.16	71.83	34.26	65.19

表 2-6 平均每

Per Capita Gross

指 标 名 称	Name of Indices	单 位 Unit
全年总支出	Total expenditure per capita	元 yuan
一、生产费用支出	Ⅰ. Expenditure of production	元 yuan
1. 家庭经营生产费用	1. Expenditure of family business	元 yuan
2. 购买生产性固定资产	2. Purchasing productive fixed assets	元 yuan
二、税费支出	Ⅱ. Paying all kind of taxes	元 yuan
1. 纳税	1. Paying taxes	元 yuan
# 农业税	of which: Farming tax	元 yuan
2. 村提留	2. Paying contracted task	元 yuan
3. 乡统筹	3. Collected & apportion charge	元 yuan
4. 其他各种收费	4. Other duty	元 yuan
三、生活消费支出	Ⅲ. Living expenditure	元 yuan
四、其他转移性支出	Ⅳ. Other transfer expenditure	元 yuan
# 赠送农村外亲友	# Gift to non-rural relatives	元 yuan
生产性固定资产折旧	Depreciation of Productive fixed asset	元 yuan

表 2-7 人均家庭

Per Capita Expenditure

指 标 名 称	Name of Indices	单 位 Unit
家庭经营生产费用	Expenditure for family business	元 yuan
一、种植业支出	Ⅰ. Farming	元 yuan
# 1. 购买化肥支出	For: 1. chemical fertilizer	元 yuan
2. 购买农药支出	2. chemical for agriculture	元 yuan
3. 购买薄膜支出	3. plastically film	元 yuan
4. 购买种子支出	4. purchasing seeds	元 yuan
5. 自用种子支出	5. seed for self-use	元 yuan
二、牧业支出	Ⅱ. Animal husbandry	元 yuan
1. 饲料支出	For: 1. feed grain	元 yuan
2. 饲草支出	2. feed grass	元 yuan
3. 其他牧业支出	3. other expenditure	元 yuan
三、林业支出	Ⅲ. Forestry	元 yuan
四、渔业支出	Ⅳ. Fishery	元 yuan
五、第二三产业费用支出	Ⅴ. Second, third industry	元 yuan
六、其他经营支出	Ⅵ. Others	元 yuan

人总支出（1999）

Expenditure 1999

合计 Total		内蒙古 Inner Mongolia		甘肃 Gansu	
项目村 Project	非项目村 Nonproject	项目村 Project	非项目村 Nonproject	项目村 Project	非项目村 Nonproject
1589.47	1624.18	1993.00	2005.67	1207.62	1289.06
471.83	447.67	648.81	588.40	304.35	324.04
410.26	406.51	548.68	534.84	279.27	293.78
61.57	41.16	100.13	53.56	25.08	30.26
129.22	141.15	217.04	241.31	46.11	53.17
71.59	78.05	117.45	126.69	28.20	35.33
43.11	50.94	65.84	79.35	21.61	25.99
16.63	19.07	30.08	36.50	3.90	3.76
29.89	29.36	49.21	53.27	11.60	8.37
11.14	15.19	20.27	25.97	2.49	5.72
940.75	989.32	1075.88	1112.24	812.89	881.33
46.90	40.06	49.68	50.94	44.26	30.51
13.37	19.90	19.22	30.41	7.83	10.67
54.04	51.70	79.88	76.58	29.58	29.85

经营支出（1999）

on Family Business 1999

合计 Total		内蒙古 Inner Mongolia		甘肃 Gansu	
项目村 Project	非项目村 Nonproject	项目村 Project	非项目村 Nonproject	项目村 Project	非项目村 Nonproject
410.26	406.51	548.68	534.84	279.27	293.78
213.59	225.51	287.70	295.76	143.46	163.80
85.55	96.74	98.07	111.79	73.71	83.51
7.30	8.08	5.79	6.07	8.73	9.83
8.89	6.78	10.07	7.78	7.76	5.90
14.23	18.33	14.53	15.96	13.95	20.42
56.77	61.31	79.13	89.14	35.62	36.86
157.52	145.80	229.77	207.57	89.16	91.53
85.67	86.63	115.23	109.11	57.71	66.88
34.23	30.41	46.30	47.72	22.81	15.19
37.65	28.99	68.30	51.22	8.64	9.46
1.25	1.42	0.07	1.72	2.37	1.16
1.25	0.01	0.00	0.00	2.44	0.01
18.56	16.56	14.16	16.48	22.72	16.62
18.24	17.21	17.30	13.27	19.12	20.66

表 2-8 人均生活消

Per Capita Living

指 标 名 称	Name of Indices	单 位 Unit
生活消费支出	Living expenditure	元 yuan
一、食品支出	Ⅰ.Facility articles & service	元 yuan
1. 主食	1. Staple food	元 yuan
2. 副食	2. Non-staple food	元 yuan
3. 其他食品	3. Other food	元 yuan
4. 在外饮食	4. Diet outside	元 yuan
5. 食品加工费	5. Expenditure on food processing	元 yuan
二、衣着支出	Ⅱ.Clothing	元 yuan
三、居住支出	Ⅲ.Dwelling	元 yuan
#住房支出	# Housing	元 yuan
生活用燃料	fuel for living	元 yuan
四、家庭设备用品及服务支出	Ⅳ.Facility articles & service	元 yuan
#耐用品	# Durable commodity	元 yuan
五、医疗保健支出	Ⅴ.Medicine and medical service	元 yuan
六、交通通讯支出	Ⅵ.Transportation & communication	元 yuan
七、文教、娱乐用品及服务支出	Ⅶ.Culture, education & recreation	元 yuan
#文娱机电耐用品	# Durable goods	元 yuan
学杂费/年	Tuition/year	元 yuan
八、其他商品用服务支出	Ⅷ.Other commodity and service	元 yuan

费支出（1999）

Expenditure 1999

合计 Total		内蒙古 Inner Mongolia		甘肃 Gansu	
项目村 Project	非项目村 Nonproject	项目村 Project	非项目村 Nonproject	项目村 Project	非项目村 Nonproject
940.75	989.32	1075.88	1112.24	812.89	881.33
556.65	565.95	623.46	638.79	493.42	501.85
273.89	280.92	292.61	290.65	256.18	272.36
158.81	165.85	193.50	212.15	125.98	125.18
73.64	73.61	98.19	98.83	50.41	51.47
31.04	28.45	16.47	19.08	44.82	36.68
18.70	17.68	21.51	19.42	16.03	16.16
83.26	88.83	105.94	109.20	61.80	70.93
75.67	77.70	78.91	77.35	72.60	78.00
25.40	24.03	24.50	23.83	26.25	24.21
46.00	49.43	47.09	48.53	44.97	50.22
22.37	22.94	19.63	19.97	24.97	25.56
12.53	13.71	8.49	8.48	16.35	18.29
65.99	68.75	62.44	60.36	71.11	76.11
23.90	23.25	28.36	24.53	19.69	22.13
99.21	130.22	143.48	172.00	57.31	93.51
10.68	11.06	7.06	16.89	14.11	5.94
73.33	103.03	111.97	129.98	36.77	79.35
12.80	11.57	13.66	9.93	11.99	13.01

表 2-9 人均每年食

Per Capita Food

指 标 名 称	Name of Indices	单 位 Unit
食物消费量	Quantity of food consumption	
一、粮食	Ⅰ. Grain	公斤 kg
1. 小麦	1. Wheat	公斤 kg
2. 稻谷	2. Rice	公斤 kg
3. 玉米	3. Corn	公斤 kg
4. 马铃薯	4. Potato	公斤 kg
5. 其他粮食	5. Other grain	公斤 kg
二、豆类及其制品	Ⅱ. Bean products	公斤 kg
三、蔬菜	Ⅲ. Vegetable	公斤 kg
1. 绿叶类菜	1. Green leaf	公斤 kg
2. 块根茎类	2. roots	公斤 kg
3. 其他类菜	3. others	公斤 kg
四、食用油	Ⅳ. Diet oil	公斤 kg
1. 植物油	1. Oil	公斤 kg
2. 动物油	2. Fat	公斤 kg
五、肉类	Ⅴ. Meat	公斤 kg
1. 猪肉	1. Pork	公斤 kg
2. 牛、羊肉	2. Beef	公斤 kg
3. 其他动物肉	3. Other meat	公斤 kg
六、家禽	Ⅵ. Poultry	公斤 kg
七、蛋类	Ⅶ. Egg	公斤 kg
八、水产品	Ⅷ. Aquatic products	公斤 kg
九、奶类及奶制品	Ⅸ. Milk	公斤 kg
1. 鲜奶	1. Fresh milk	公斤 kg
2. 奶制品	2. Dairy products	公斤 kg
十、食糖	Ⅹ. Sugar	公斤 kg
十一、酒	Ⅺ. Liquor	公斤 kg
1. 白酒	1. Spirit	公斤 kg
2. 啤酒	2. Beer	公斤 kg
3. 其他酒类	3. Other liquor	公斤 kg
十二、糕点	Ⅻ. Cake	公斤 kg
十三、糖果	XIII. Candy	公斤 kg
十四、茶叶	XIV. Tea	公斤 kg
十五、卷烟	XV. Cigaret	公斤 kg
十六、瓜果	XVI. Fruit	公斤 kg

品消费量（1999）

Expenditure 1999

合计 Total		内蒙古 Inner Mongolia		甘肃 Gansu	
项目村 Project	非项目村 Nonproject	项目村 Project	非项目村 Nonproject	项目村 Project	非项目村 Nonproject
241.36	256.93	243.58	253.02	239.25	260.36
164.22	168.43	156.56	163.09	171.47	173.13
9.52	14.53	12.58	10.44	6.63	18.12
18.25	22.40	8.86	. 12.29	27.14	31.28
27.36	28.22	26.30	25.59	28.36	30.53
21.93	23.29	39.14	41.48	5.65	7.31
1.86	2.00	1.91	2.31	1.82	1.72
44.16	47.20	48.96	52.75	39.62	42.33
28.70	31.08	32.67	35.38	24.94	27.29
10.83	11.34	11.72	13.51	9.98	9.43
4.64	4.79	4.57	3.85	4.70	5.61
7.69	8.05	9.28	9.34	6.19	6.92
5.10	5.41	6.24	6.27	4.02	4.66
2.59	2.64	3.04	3.07	2.17	2.26
16.54	15.07	19.12	17.63	14.10	12.81
15.49	13.97	17.25	15.37	13.83	12.71
0.88	0.96	1.61	1.93	0.18	0.10
0.17	0.18	0.26	0.34	0.09	0.04
0.48	0.36	0.56	0.61	0.40	0.14
1.98	2.11	2.97	3.37	1.05	1.00
0.66	0.47	1.08	0.87	0.26	0.12
0.85	1.96	1.63	4.04	0.11	0.12
0.70	1.58	1.39	3.36	0.04	0.02
0.15	0.36	0.24	0.66	0.07	0.11
1.67	1.62	2.46	2.54	0.92	0.81
4.95	4.44	7.09	6.75	2.93	2.41
3.19	3.10	4.64	4.64	1.82	1.75
1.42	1.20	2.27	2.05	0.61	0.45
0.35	0.15	0.18	0.09	0.50	0.21
0.91	0.70	1.44	1.20	0.41	0.27
0.62	0.60	0.94	0.88	0.32	0.36
0.82	0.86	0.87	1.12	0.77	0.64
32.42	28.69	42.29	36.48	23.08	21.84
10.75	12.64	15.82	19.71	5.95	6.42

表2－10 储蓄借

Savings and

指 标 名 称	Name of Indices	单 位 Unit
一、借贷情况	Ⅰ. Borrowing	
1. 全年借入	1. Borrowing from relative etc.	元 yuan
(1) 现金	(1) Cash	元 yuan
(2) 粮食	(2) Grain (kg)	公斤 kg
折合金额	Amount of grain (yuan)	元 yuan
(3) 其他实物	(3) Other in kind	元 yuan
2. 借贷来源	2. Source of Borrowing	
(1)亲友	(1) Relatives	元 yuan
(2)国家银行或信用社	(2) State bank /credit cooperatives	元 yuan
(3) 国家及地方扶贫专项贷款	(3) Special loan of relieving poverty from state & local	元 yuan
# 西部项目贷款	# Loan of west program	元 yuan
(4) 乡村集体组织或企业借款	(4) Load from local collectives or enterprises	元 yuan
二、储蓄情况	Ⅱ. Saving	
1. 年末手存现金	1. Cash remaining in hand at year-end	元 yuan
2. 年末存款余额	2. Deposits at year-end	元 yuan
3. 借出或贷出	3. Lend out	元 yuan
三、粮食储备	Ⅲ. Grain for stock	
1. 年末存粮	1. Grain stock at year-end	元 yuan
(1)小麦	(1) Wheat	元 yuan
(2)稻谷	(2) Rice	元 yuan
(3)玉米	(3) Corn	元 yuan
(4)土豆	(4) Potato	元 yuan
(5)其他	(5) Other grain	元 yuan
2. 存粮用途	2. Grain stock for using	
(1)生活用粮	(1) Grain for living	元 yuan
(2)畜牧用粮	(2) Grain for animals	元 yuan
(3)种子用粮	(3) Grain for seeds	元 yuan
(4)其他用粮	(4) Gain for other using	元 yuan

贷情况（1999）
Borrowings 1999

合计 Total		内蒙古 Inner Mongolia		甘肃 Gansu	
项目村 Project	非项目村 Nonproject	项目村 Project	非项目村 Nonproject	项目村 Project	非项目村 Nonproject
323.54	284.90	348.76	334.87	299.67	241.01
322.00	283.98	348.27	333.91	297.15	240.12
1.22	0.78	0.49	0.68	1.90	0.88
1.46	0.92	0.49	0.96	2.38	0.89
0.07	0.00	0.00	0.00	0.14	
208.52	131.86	270.78	134.08	194.60	129.90
68.79	74.52	41.79	89.05	94.34	61.75
45.13	77.21	36.61	110.78	53.20	47.72
28.36	0.79	26.34	0.00	30.27	1.49
0.05	0.40	0.10	0.00		0.75
220.31	237.54	296.76	315.20	147.97	169.32
34.08	48.74	35.17	52.81	33.06	45.17
23.92	33.17	38.08	51.32	10.52	17.23
333.20	336.70	533.53	542.62	143.63	155.82
159.36	165.59	240.17	250.57	82.89	90.94
1.80	7.52	2.02	3.16	1.60	11.35
65.65	58.24	100.53	92.93	32.65	27.76
45.03	45.06	72.65	76.91	18.90	17.08
60.96	61.41	117.62	119.82	7.35	10.10
174.73	187.73	248.54	253.37	104.88	130.06
66.62	55.19	116.29	95.23	19.61	20.01
37.98	41.00	63.53	76.42	13.81	9.89
49.73	55.55	95.91	114.41	6.03	3.85

表 2－11 购买生产资
Purchase of Production

指 标 名 称	Name of Indices	单 位 Unit	
一、购买化肥数量	Ⅰ. Chemical fertilizers	公斤/户	kg/h
购买化肥金额	Amount	元/户	yuan/h
购买化肥单价	Price	元/公斤	yuan/kg
二、购买农药数量	Ⅱ. Agricultural chemical	公斤/户	kg/h
购买农药金额	Amount	元/户	yuan/h
购买农药单价	Price	元/公斤	yuan/kg
三、购买薄膜数量	Ⅲ. Plastic film	公斤/户	kg/h
购买薄膜金额	Amount	元/户	yuan/h
购买薄膜单价	Price	元/公斤	yuan/kg
四、购买种子数量	Ⅳ. Seeds	公斤/户	kg/h
购买种子金额	Amount	元/户	yuan/h
购买种子单价	Price	元/公斤	yuan/kg
五、自用种子数量	Ⅴ. Seed self-produced	公斤/户	kg/h
自用种子金额	Amount	元/户	yuan/h
自用种子单价	Price	元/公斤	yuan/kg

料情况（1999）

Materials 1999

合计 Total		内蒙古 Inner Mongolia		甘肃 Gansu	
项目村 Project	非项目村 Nonproject	项目村 Project	非项目村 Nonproject	项目村 Project	非项目村 Nonproject
69.45	72.97	75.79	80.80	63.46	66.09
85.56	96.74	98.07	111.79	73.71	83.51
1.23	1.33	1.29	1.38	1.16	1.26
0.96	1.82	1.08	2.64	0.85	1.10
7.30	8.08	5.79	6.07	8.73	9.83
7.61	4.43	5.36	2.30	10.27	8.94
1.19	1.02	1.48	1.35	0.92	0.73
8.89	6.78	10.07	7.78	7.76	5.90
7.47	6.64	6.80	5.76	8.43	8.08
4.29	4.41	3.62	3.67	4.91	5.06
14.23	18.33	14.53	15.96	13.95	20.42
3.32	4.16	4.01	4.35	2.84	4.04
42.85	44.74	57.87	66.15	28.64	25.93
56.78	61.31	79.13	89.14	35.62	36.86
1.32	1.37	1.37	1.35	1.24	1.42

三、1999 年个人调查资料
Information of Individuals 1999

表 3-1 调查人口的性别构成（1999）
Composition of Surveyed Population by Gender 1999

指标名称	Name of Indices	单位 Unit	合计 Total		内蒙古 Inner Mongolia		甘肃 Gansu	
			项目村 Project	非项目村 Non-project	项目村 Project	非项目村 Non-project	项目村 Project	非项目村 Non-project
总人数	Number of surveyed persons	人 person	3984	2511	1936	1178	2048	1333
男性人数	Number of males	人 person	2086	1307	1005	592	1081	715
男性比重	Weight of male	%	52.4	52.1	51.9	50.3	52.8	53.6
女性人数	Number of female	人 person	1898	1204	931	586	967	618
女性比重	Weight of females	%	47.6	47.9	48.1	49.7	47.2	46.4

表 3-2 调查人口的年龄构成（1999）
Composition of Surveyed Population by Age 1999

指标名称	Name of Indices	单位 Unit	合计 Total		内蒙古 Inner Mongolia		甘肃 Gansu	
			项目村 Project	非项目村 Non-project	项目村 Project	非项目村 Non-project	项目村 Project	非项目村 Non-project
0~10 岁	Age 0~10	%	17.5	13.7	14.7	11.5	20.1	15.6
10~20 岁	Age 10~20	%	20.7	24.5	21.7	26	19.7	23.2
20~30 岁	Age 20~30	%	17.9	15.3	17.1	13.4	18.7	17
30~40 岁	Age 30~40	%	18	17.2	19.1	18.8	17	15.8
40~50 岁	Age 40~50	%	14.1	16.5	18.2	20.3	10.2	13.2
50~60 岁	Age 50~60	%	7.2	7.2	6	6.2	8.3	8
60 岁及以上	Age 60 and above	%	4.6	5.7	3	3.9	6.1	7.2

表 3-3 调查人口的民族构成（1999）
Number and Composition of Surveyed Population by Nationality 1999

指标名称	Name of Indices	单位 Unit	合计 Total		内蒙古 Inner Mongolia		甘肃 Gansu	
			项目村 Project	非项目村 Non-project	项目村 Project	非项目村 Non-project	项目村 Project	非项目村 Non-project
调查人数	Person surveyed	人 person	3984	2511	1936	1178	2048	1333
1. 汉族	Han	人 person	3591	2302	1647	971	1944	1331
2. 回族	Hui	人 person	62	4	2	4	60	
3. 藏族	Zang	人 person	51		7		44	
4. 蒙古族	Mongu	人 person	258	191	258	190		1
5. 土家族	Tojai	人 person		1				1

续表

指标名称	Name of Indices	单 位 Unit	合 计 Total		内蒙古 Inner Mongolia		甘 肃 Gansu	
			项目村 Project	非项目村 Non-project	项目村 Project	非项目村 Non-project	项目村 Project	非项目村 Non-project
6. 其他	Others	人 person	22	13	22	13		
构成	Composition	%						
1. 汉族	Han	%	90.1	91.7	85.1	82.4	94.9	99.8
2. 回族	Hui	%	1.6	0.2	0.1	0.3	2.9	
3. 藏族	Zang	%	1.3		0.4		2.1	
4. 蒙古族	Mongu	%	6.5	7.6	13.3	16.1		0.1
5. 土家族	Tojai	%		0				0.1
6. 其他	Others	%	0.6	0.5	1.1	1.1		

表3-4 劳动力劳动能力构成（1999）

Number and Composition of Labor Force 1999

指标名称	Name of Indices	单 位 Unit	合 计 Total		内蒙古 Inner Mongolia		甘 肃 Gansu	
			项目村 Project	非项目村 Non-project	项目村 Project	非项目村 Non-project	项目村 Project	非项目村 Non-project
人数：	Number:	人 person	2753	1768	1395	853	1358	915
整劳动力	Full-ability labors	人 person	2299	1424	1221	706	1078	718
半劳动力	Part-ability labors	人 person	252	209	112	110	140	99
非劳动力	Non-labors	人 person	202	135	62	37	140	98
构成：	Composition							
整劳动力	Full-ability labors	%	83.5	80.5	87.5	82.8	79.4	78.5
半劳动力	Part-ability labors	%	9.2	11.8	8.0	12.9	10.3	10.8
非劳动力	Non-labors	%	7.3	7.6	4.4	4.3	10.3	10.7

表3-5 劳动力文化程度构成（1999）

Educational Attainment of Labor 1999

指标名称	Name of Indices	单 位 Unit	合 计 Total		内蒙古 Inner Mongolia		甘 肃 Gansu	
			项目村 Project	非项目村 Non-project	项目村 Project	非项目村 Non-project	项目村 Project	非项目村 Non-project
1. 文盲或半文盲	Illiterates or semi-illiterates	%	28.9	27.6	15.3	13.6	37.8	34.9
2. 小学	primary school	%	31.5	29.9	33.2	29.8	32.0	32.8
3. 初中	Junior middle school	%	32.3	32.7	42.4	45.1	24.3	23.3
4. 高中	Senior middle school	%	6.8	8.3	8.6	9.6	5.4	7.8
5. 中专	Secondry technical school	%	0.3	1.2	0.4	1.6	0.3	1.0
6. 大专以上	University or college	%	0.1	0.2	0.2	0.2	0.1	0.2

表3－6 成年人接受培训情况（1999）
Technical Training Attainment of Adults 1999

指标名称	Name of Indices	单 位 Unit	合 计 Total		内蒙古 Inner Mongolia		甘 肃 Gansu	
			项目村 Project	非项目村 Non-project	项目村 Project	非项目村 Non-project	项目村 Project	非项目村 Non-project
接受培训者比例	Proportion of trained adults							
其中：1. 农业	Farming	%	5.4	3.6	9.4	5.4	4.4	1.6
2. 林业	Forestry	%	0.3	0.2	0.2	0.1	0.4	0.3
3. 养殖业	Animal husbandry	%		0.1		0.1		0.1
4. 渔业	Fishery	%	0.3	0.6	0.1	0.7	0.5	0.4
5. 工业	Manufacture	%	0.3	0.4	0.2	0.1	0.5	0.6
6. 医生	Doctor	%	0.3	0.3	0.2		0.5	0.6
7. 教师	Teacher	%	0.5	0.6	0.5	0.8	0.6	0.4
8. 驾驶	Driving	%	0.9	1.3	0.7	1.6	1.0	0.9
9. 餐饮业	Food service	%	0.3	0.4	0.3	0.5	0.3	0.1
10. 理发	Hairdressing	%	0.1	0.3	0.2	0.3		0.3
11. 服装、刺绣加工	Sewing	%	0.1	0.5	0.1	0.3	0.1	0.7
12. 兽医	Veterinarian	%	0.1	0.4		0.5	0.2	0.1
13. 其他	Others	%	0.7	0.9	0.5	0.9	1.0	0.9
人均接受培训天数	Per capita training days	天 day	4.7	6.8	4.1	9.1	5.4	4.4
未接受培训者比例	Proportion of untrained	%	90.7	90.4	87.6	88.7	93.9	92.9

表3－7 劳动力从业类型情况（1999）
Labor Composition by Industry 1999

指标名称	Name of Indices	单 位 Unit	合 计 Total		内蒙古 Inner Mongolia		甘 肃 Gansu	
			项目村 Project	非项目村 Non-project	项目村 Project	非项目村 Non-project	项目村 Project	非项目村 Non-project
从业类型	Number of labor		2538	1624	1325	811	1213	813
第一产业	Agriculture	人 person	2302	1437	1229	739	1072	698
第二产业	Industry/construction	人 person	103	76	24	21	79	55
第三产业	Others industry	人 person	133.0	109	72	49	61	60
从业类型构成	Number of labor							
第一产业	Agriculture	%	90.6	88.5	92.7	91.1	88.5	85.8
第二产业	Industry/construction	%	4.1	4.7	1.8	2.6	6.5	6.8
第三产业	Others industry	%	5.2	6.7	5.5	5.9	5.0	7.4

表3－8 劳动力从业时间情况（1999）

Labor composition by Duration of Employment 1999

指标名称	Name of Indices	单位 Unit	合计 Total		内蒙古 Inner Mongolia		甘肃 Gansu	
			项目村 Project	非项目村 Non-project	项目村 Project	非项目村 Non-project	项目村 Project	非项目村 Non-project
从事农业生产时间	By working-time on agriculture	月/人 month/person	6.6	6.7	5.6	5.9	7.7	7.4
其中：0个月	0 month	%	7.3	6.9	9.2	7.0	5.2	6.9
1～3个月	1～3 monthes	%	6.7	8.1	7.0	7.5	6.4	8.8
4～6个月	3～6 monthes	%	31.4	29.6	47.6	44.4	13.6	14.9
7～9个月	7～9 monthes	%	36.8	35.9	32.9	33.5	41.1	38.3
9～12个月	9～12 monthes	%	17.8	19.4	3.2	7.7	33.7	31.1
从事非农业生产时间	Labor composition by working-time on agriculture	月/人 month/person	2.0	2.1	2.1	1.8	2.0	2.4
其中：0个月	0 month	%	58.6	57.1	60.9	62.9	56.2	51.3
1～3个月	1～3 monthes	%	16.4	17.0	11.3	10.8	21.9	23.1
4～6个月	3～6 monthes	%	13.6	13.8	15.9	17.5	11.1	10.2
7～9个月	7～9 monthes	%	6.9	7.2	8.6	5.5	5.0	8.9
9～12个月	9～12 monthes	%	4.5	4.9	3.3	3.3	5.8	6.5

表3－9 劳动力从业其他情况（1999）

Other Information of Labor 1999

指标名称	Name of Indices	单位 Unit	合计 Total		内蒙古 Inner Mongolia		甘肃 Gansu	
			项目村 Project	非项目村 Non-project	项目村 Project	非项目村 Non-project	项目村 Project	非项目村 Non-project
劳动力中乡村企业职工比重	Rate of workers in county enterprises	%	0.4	1.1	0.5	0.5	0.3	1.8
劳动力中当年外出打工比重	Rate of workers outside in year	%	12.3	12.2	9.8	8.5	14.9	15.9
劳动力的外出意愿	Willing of laborers non-worked outside							
1.不愿外出	Not willing outside	%	83.4	80.2	84.5	81.5	82.1	78.8
2.想到县内打工	Willing in county	%	6.6	10.2	6.5	9.6	6.8	10.8
3.想到省内打工	Willing in province	%	5.5	5.2	5.8	4.7	5.2	5.7
4.想到外省打工	Willing to out-province	%	4.5	4.5	3.2	4.3	5.9	4.7

表3－10 失学儿童构成（1999）

Composition of Children Out of School by Education Level Attained 1999

指标名称	Name of Indices	单位 Unit	合计 Total		内蒙古 Inner Mongolia		甘肃 Gansu	
			项目村 Project	非项目村 Non-project	项目村 Project	非项目村 Non-project	项目村 Project	非项目村 Non-project
失学儿童人数	Number of children out of school	人 person	51	30	4	2	47	28
其中：1.从未上学	1.Never enrolled in a school	%	51.0	20.0	25.0		53.2	21.4
2.未读完小学一年级	2.Didn't complete G1 of primary school	%	15.7	20.0			17.0	21.4
3.未读完小学三年级	3.Didn't complete G3 of primary school	%	5.9	16.7			6.4	17.9
4.小学未毕业	4.Didn't complete primary school	%	11.8	20.0			12.8	21.4
5.小学毕业	5.Graduated from primary school	%	9.8	6.7	50.0	50.0	6.4	3.6
6.初中未毕业	6.Didn't complete junior middle school	%	3.9	13.3	25.0	50.0	2.1	10.7
7.初中毕业	7.Graduated from junior middle school	%	2.0				2.1	
8.高中	8.Graduated from high school	%		3.3				3.6

表3－11 学龄儿童失学原因构成（1999）

Composition of School-age Children by Cause of Dropout 1999

指标名称	Name of Indices	单位 Unit	合计 Total		内蒙古 Inner Mongolia		甘肃 Gansu	
			项目村 Project	非项目村 Non-project	项目村 Project	非项目村 Non-project	项目村 Project	非项目村 Non-project
失学儿童原因构成	Composition of children out of school by reason	%	100	100	100	100	100	100
1.病	1.Disease	%	3.9	3.3			4.3	3.6
2.残	2.Disables	%	7.8	6.7	25.0	50.0	6.4	3.6
3.经济困难	3.Short of money	%	62.7	70.0			68.1	75.0
4.帮工	4.As work assistant	%	2.0				2.1	
5.学习不好	5.Not good at study	%	3.9	10.0	50.0			10.7
6.缺乏教师	6.Lack of teachers	%	2.0				2.1	
7.交通不便	7.Inconvenient traffic	%	5.9				6.4	
8.其他	8.Others	%	11.8	10.0	25.0	50.0	10.6	7.1

表 3－12　学龄儿童入学率（1999）
Enrollment Rate of School-age Children 1999

指标名称	Name of Indices	单位 Unit	合计 Total		内蒙古 Inner Mongolia		甘肃 Gansu	
			项目村 Project	非项目村 Non-project	项目村 Project	非项目村 Non-project	项目村 Project	非项目村 Non-project
7～12岁男童	Boys aged 7～12	%	92.6	90.2	94.5	92.0	91.0	89.2
13～15岁男童	Boys aged 13～15	%	89.5	89.0	94.8	94.9	84.7	80.3
7～12岁女童	Girls aged 7～12	%	77.9	78.7	83.3	73.8	74.3	82.7
13～15岁女童	Girls aged 13～15	%	68.5	75.9	81.4	81.1	57.4	70.6

表 3－13　学龄儿童小学完学率（1999）
Completion Rate of School-age Children 1999

指标名称	Name of Indices	单位 Unit	合计 Total		内蒙古 Inner Mongolia		甘肃 Gansu	
			项目村 Project	非项目村 Non-project	项目村 Project	非项目村 Non-project	项目村 Project	非项目村 Non-project
15岁儿童	Children aged 15	%					45.8	73.7
15岁男童	Boys aged 15	%	63.9	83.8	83.8	88.2	54.2	80.0
15岁女童	Girls aged 15	%	57.1	62.1	88.9	54.5	33.3	66.7

表 3－14　学龄儿童辍学率（1999）
Dropout Rate of School-age Children 1999

指标名称	Name of Indices	单位 Unit	合计 Total		内蒙古 Inner Mongolia		甘肃 Gansu	
			项目村 Project	非项目村 Non-project	项目村 Project	非项目村 Non-project	项目村 Project	非项目村 Non-project
7～12岁男童	Boys aged 7～12	%		0.7				1.1
13～15岁男童	Boys aged 13～15	%		7.4	3.2	6.3		5.8
7～12岁女童	Girls aged 7～12	%	0.0	0.0	0.0	0.0		0.0
13～15岁女童	Girls aged 13～15	%	2.4	1.1				2.0

表 3－15 父母对子女的教育期望（1999）
Expectation of Parent on Children's Education 1999

指标名称	Name of Indices	单位 Unit	合计 Total		内蒙古 Inner Mongolia		甘肃 Gansu	
			项目村 Project	非项目村 Non-project	项目村 Project	非项目村 Non-project	项目村 Project	非项目村 Non-project
读几年能识字就行	Schooling and can recognize some words	%	1.0	1.0	0.4		1.4	1.7
读完小学	Complete primary school	%	3.1	2.1	0.4	1.5	5.1	2.5
读完初中	Complete junior middle school	%	11.3	13.2	2.5	7.2	18.1	17.6
读完高中/中专	Complete senior middle school or secondary special school	%	23.3	23.9	13.1	13.2	31.2	31.7
大专/大学	University or college	%	49.2	47.0	66.0	57.7	36.3	39.1
研究生	Graduated school	%	6.1	7.6	13.1	16.6	0.8	1.1
随便	No specify	%	6.0	5.3	4.6	3.8	0.7	6.3

表 3－16 经济条件允许孩子受教育的程度（1999）
Affordable Educational Level of Children 1999

指标名称	Name of Indices	单位 Unit	合计 Total		内蒙古 Inner Mongolia		甘肃 Gansu	
			项目村 Project	非项目村 Non-project	项目村 Project	非项目村 Non-project	项目村 Project	非项目村 Non-project
读几年能识字就行	Have several year schooling and can read	%	0.7	1.0	0.2		1.1	1.7
读完小学	Complete primary school	%	7.3	4.8	0.4	1.5	12.6	7.2
读完初中	Complete junior middle school	%	21.7	26.5	5.0	14.0	34.6	35.7
读完高中/中专	Complete senior middle school or secondary special school	%	25.8	27.3	19.3	22.6	30.9	30.7
大专/大学	University or college	%	33.0	31.5	57.7	49.8	13.9	18.0
研究生	Graduated school	%	5.1	3.7	11.6	8.3	0.2	0.3
随便	No specify	%	6.3	5.3	5.8	3.8	6.7	6.4

表3－17 父母对子女的从业期望（1999）

Expectation of Parent on Children's Occupation 1999

指标名称	Name of Indices	单位 Unit	合计 Total		内蒙古 Inner Mongolia		甘肃 Gansu	
			项目村 Project	非项目村 Non-project	项目村 Project	非项目村 Non-project	项目村 Project	非项目村 Non-project
回家帮忙	As work assistant at home	%	5.2	5.3	1.0	2.3	8.3	7.4
农民	Farmer	%	2.9	4.5	0.2	2.3	5.0	6.1
工人	Worker	%	2.7	3.0	0.6		4.3	5.2
教师	Teacher	%	18.8	15.8	14.9	12.5	21.8	18.2
干部	Cadre	%	21.3	23.6	23.9	22.3	19.4	24.5
科研人员	Researcher	%	19.5	18.0	32.4	31.1	9.6	8.5
老板	Manager	%	3.8	3.3	5.6	5.3	2.4	1.9
服务员	Waiter	%	0.5	1.1		1.9	0.8	0.6
军人	Army man	%	6.1	4.6	8.1	5.3	4.6	4.1
其他	Others	%	2.1	1.6	1.2	0.4	2.7	2.5
随便	No specify	%	17.1	19.1	12.0	16.7	21.0	20.9

表3－18 父母对子女工作地点期望（1999）

Expectation of Parent on Children's Work Place 1999

指标名称	Name of Indices	单位 Unit	合计 Total		内蒙古 Inner Mongolia		甘肃 Gansu	
			项目村 Project	非项目村 Non-project	项目村 Project	非项目村 Non-project	项目村 Project	非项目村 Non-project
本乡镇	Within township	%	28.7	29	17.3	21.2	37.6	34.7
外乡镇	Another township	%	12.3	9.3	3.8	1.5	19.0	14.9
外县	Another county	%	12.4	10.8	13.2	7.2	11.8	13.5
外省	Another province	%	20.5	22.8	33.6	36.7	10.3	12.7
国外	Abroad	%	3.8	3.0	7.5	4.9	1.0	1.7
随便	No specify	%	22.3	24.9	24.6	28.0	20.4	22.6

表 3-19 小学学生上学费用（1999）
Schooling Expense of Students（Primary School，1999）

指标名称	Name of Indices	单 位 Unit	合 计 Total		内蒙古 Inner Mongolia		甘 肃 Gansu	
			项目村 Project	非项目村 Non-project	项目村 Project	非项目村 Non-project	项目村 Project	非项目村 Non-project
每学期学费	Tuition fee per term	元/人 yuan/person	65.5	81.6	94.6	120.1	43.5	52.4
每学期书本费	Expense for books	元/人 yuan/person	49.2	52.7	61.9	66.2	39.5	42.5
教育集资费	Pay education fund	元/人 yuan/person	6.0	4.3	8.6	7.2	4.0	2.0
住宿费	Boarding expense	元/人 yuan/person	3.4	2.6	7.4	5.6	0.3	0.3
交通费	Traffic expense	元/人 yuan/person	0.6	1.2	1.5	2.4		0.3
其他费用	Other expense	元/人 yuan/person	11.4	14.1	18.9	19.4	5.6	10.1

表 3-20 初中学生上学费用（1999）
Schooling Expense of Students（Junior Middle School，1999）

指标名称	Name of Indices	单 位 Unit	合 计 Total		内蒙古 Inner Mongolia		甘 肃 Gansu	
			项目村 Project	非项目村 Non-project	项目村 Project	非项目村 Non-project	项目村 Project	非项目村 Non-project
每学期学费	Tuition fee per term	元/人 yuan/person	178.5	214.3	229.0	312.8	97.2	113.1
每学期书本费	Expense for books	元/人 yuan/person	88.5	103.7	90.0	107.7	86.0	100.9
教育集资费	Pay education fund	元/人 yuan/person	7.0	10.5	8.3	18.6	4.9	2.2
住宿费	Boarding expense	元/人 yuan/person	39.3	31.4	54.8	53.9	14.2	8.2
交通费	Traffic expense	元/人 yuan/person	8.8	7.0	13.7	10.8	1.0	3.1
其他费用	Other expense	元/人 yuan/person	38.8	31.7	43.5	36.4	31.2	26.9

表3－21 学龄儿童小学离校距离及交通工具（1999）
Distance to Primary School and Traffic Tools 1999

指标名称	Name of Indices	单位 Unit	合计 Total		内蒙古 Inner Mongolia		甘肃 Gansu	
			项目村 Project	非项目村 Non-project	项目村 Project	非项目村 Non-project	项目村 Project	非项目村 Non-project
平均离校距离	Distance to school	mile	1.70	1.80	1.60	2.30	1.70	1.30
上学主要交通工具：	Traffic tool							
步行	On foot	%	93.0	88.9	86.5	77.5	98.0	97.3
自行车	Bicycle	%	4.8	9.3	10.4	18.1	0.6	2.7
牛、马车、骑马等	Cart or horse	%						
公共车、船	Bus or boat	%	2.0	0.9	3.1	2.2	1.2	
其他	Others	%	0.2	0.9		2.2	0.3	

表3－22 育龄妇女曾生育孩子个数（1999）
Women's Fertilization 1999

指标名称	Name of Indices	单位 Unit	合计 Total		内蒙古 Inner Mongolia		甘肃 Gansu	
			项目村 Project	非项目村 Non-project	项目村 Project	非项目村 Non-project	项目村 Project	非项目村 Non-project
1个	1 Child	%	17.5	14.3	21.2	15.3	13.7	13.2
2～3个	2～3 Children	%	50.3	48.0	46.7	46.2	54.1	49.7
4～10个	4～10 Children	%	4.7	5.8	3.2	4.2	6.3	7.3
没有	Without-child	%	27.5	32.0	28.8	34.3	26.0	29.7

表3－23 5岁以下儿童计划免疫率（1999）
Immunization Rate of Children Under 5-years-old 1999

指标名称	Name of Indices	单位 Unit	合计 Total		内蒙古 Inner Mongolia		甘肃 Gansu	
			项目村 Project	非项目村 Non-project	项目村 Project	非项目村 Non-project	项目村 Project	非项目村 Non-project
接受计划免疫儿童人数	Number of immunized children	人 person	212	100	82	31	130	69
未接受计划免疫儿童人数	Number of unimmunized children	人 person	25	6	2	1	23	5
接受计划免疫比例	Proportion of immunized children	%	89.5	94.3	97.6	96.9	85.0	93.2

表 3-24 1997~1999 年妇女生育最后一个孩子的地点
Birth Place of the Last Child 1997~1999

指标名称	Name of Indices	单位 Unit	合计 Total		内蒙古 Inner Mongolia		甘肃 Gansu	
			项目村 Project	非项目村 Non-project	项目村 Project	非项目村 Non-project	项目村 Project	非项目村 Non-project
合计	Total	人 person	110	48	31	16	79	32
1. 家里	At home	人 person	97	39	24	9	73	30
2. 医务室/医疗站	Clinic	人 person	2				2	
3. 医院/卫生院	Hospital	人 person	10	9	7	7	3	2
4. 其他	Others	人 person	1				1	
合计	Total	%					100.0	100.1
1. 家里	At home	%	88.2	81.3	77.4	56.3	92.4	93.8
2. 医务室/医疗站	Clinic	%	1.8				2.5	
3. 医院/卫生院	Hospital	%	9.1	18.8	22.6	43.8	3.8	6.3
4. 其他	Others	%	0.9				1.3	
在家接生原因:	Reason to give birth at home							
1. 离医院太远	Far away from hospital	%	47.1	36.6	50.0	60.0	46.2	29.0
2. 经济困难	Short of money	%	21.6	36.6	12.5	20.0	24.4	41.9
3. 其他	Others	%	31.4	26.8	37.5	20.0	29.5	29.0

表 3-25 1997~1999 年妇女生育最后一个孩子接生人员情况
Birth Attendants for Last Child 1997~1999

指标名称	Name of Indices	单位 Unit	合计 Total		内蒙古 Inner Mongolia		甘肃 Gansu	
			项目村 Project	非项目村 Non-project	项目村 Project	非项目村 Non-project	项目村 Project	非项目村 Non-project
1. 自己	Self-delivery	人 person	22	7	2	1	20	6
2. 乡村医生/卫生员	Village doctor/Health attendant	人 person	49	14	16	4	33	10
3. 医院专业人员	Professional medical personnel	人 person	11	12	6	8	5	4
4. 经过培训人员	Trained personnel	人 person	7	4	6	2	1	2
5. 其他人员	Other personnel	人 person	20	11		1	20	10
1. 自己	Self-delivery	%	20.2	14.6	6.7	6.3	25.3	18.8
2. 乡村医生/卫生员	Village doctor/Health attendant	%	45.0	29.2	53.3	25.0	41.8	31.3
3. 医院专业人员	Professional medical personnel	%	10.1	25.0	20.0	50.0	6.3	12.5
4. 经过培训人员	Trained personnel	%	6.4	8.3	20.0	12.5	1.3	6.3
5. 其他人员	Other personnel	%	18.3	22.9		6.3	25.3	31.3

表 3-26 1997~1999年妇女生育最后一个孩子接受产前检查情况
Antenatal Examination of Women Bearing Last Child 1997~1999

指标名称	Name of Indices	单 位 Unit	合 计 Total		内蒙古 Inner Mongolia		甘 肃 Gansu	
			项目村 Project	非项目村 Non-project	项目村 Project	非项目村 Non-project	项目村 Project	非项目村 Non-project
接受产前检查	Number of which received antenatal examination	人 person	59	36	20	13	39	23
没有接受产前检查	Number of which didn't received antenatal examination	人 person	51	12	11	3	40	9
妇女接受产前检查比例	Proportion of received antenatal examination	%	53.6	75.0	64.5	81.3	49.4	71.9
检查交费	Number of paying examination	人 person	50	33	19	13	31	20
检查没有交费	Number of unpaid examination	人 person	56	15	9	3	47	12
产前检查交费比例	Proportion of paying examination	%	47.2	68.8	67.9	81.3	39.7	62.5

表 3-27 劳动力外出务工性别构成（1999）
Gender Composition of Labour Working Outside 1999

指标名称	Name of Indices	单 位 Unit	合 计 Total		内蒙古 Inner Mongolia		甘 肃 Gansu	
			项目村 Project	非项目村 Non-project	项目村 Project	非项目村 Non-project	项目村 Project	非项目村 Non-project
外出务工人数	Number of labour attended mobility	人 person	302	199	122	70	178	128
其中：男性	in which：male	人 person	268	159	111	54	157	105
女性	female	人 person	34.0	40.0	11.0	16.0	21.0	23
外出务工人数构成	Composition of labour attended mobility							
其中：男性	in which：male	%	88.7	79.9	91.0	77.1	88.2	82.0
女性	female	%	11.3	20.1	9.0	22.9	11.8	18.0

表 3-28 外出务工者年龄构成（1999）

Ages Composition of Labour Working Outside 1999

指标名称	Name of Indices	单位 Unit	合计 Total		内蒙古 Inner Mongolia		甘肃 Gansu	
			项目村 Project	非项目村 Non-project	项目村 Project	非项目村 Non-project	项目村 Project	非项目村 Non-project
合计	Total	%	100.0	100.0	100.0	100.0	100.0	100.0
10~20岁	10~20 ages	%	25.5	34.7	32.0	44.3	20.2	28.9
20~30岁	20~30 ages	%	45.7	37.7	49.2	37.1	43.8	38.3
30~40岁	30~40 ages	%	20.5	21.6	9.8	12.9	28.1	26.6
40~50岁	40~50 ages	%	6.6	4.5	7.4	2.9	6.2	5.5
50~60岁	50~60 ages	%	1.7	0.5	1.6	1.4	1.7	
60岁以上	60 ages above	%		1		1.4		0.8

表 3-29 外出务工者文化程度构成（1999）

Education Composition of Labour Working Outside 1999

指标名称	Name of Indices	单位 Unit	合计 Total		内蒙古 Inner Mongolia		甘肃 Gansu	
			项目村 Project	非项目村 Non-project	项目村 Project	非项目村 Non-project	项目村 Project	非项目村 Non-project
合计	Total	%	100.0	100.0	100.0	100.0	100.0	100.0
1. 文盲或半文盲	Illiteracy	%	8	6.1	4.1		10.7	9.4
2. 小学	Primary school	%	34.7	28.8	21.3	18.8	43.8	34.4
3. 初中	Junior middle school	%	50.0	47.4	65.8	64.7	39.3	38.3
4. 高中	Senior middle school	%	6.4	16.3	7.5	16.2	5.6	16.4
5. 中专	Secondary technical school	%	0.3	0.5	0.8			0.8
6. 大专以上	College and university	%	0.3	0.5			0.6	0.8

表 3-30 外出务工渠道（1999）

Job-finding 1999

指标名称	Name of Indices	单位 Unit	合计 Total		内蒙古 Inner Mongolia		甘肃 Gansu	
			项目村 Project	非项目村 Non-project	项目村 Project	非项目村 Non-project	项目村 Project	非项目村 Non-project
1. 亲戚朋友介绍	By friend/relatives	%	33.4	28.6	48.8	38.6	23.3	23.3
2. 自己寻找	By self	%	62.6	63.3	48.4	51.4	72.2	69.8
3. 用人单位来此招工	By employer	%	2.3	4	3.3	5.7	1.7	3.1
4. 劳动局	By labour bureau	%	0.3	2		1.4	0.6	2.3
5. 妇联	By women federal	%	0.3				0.6	
6. 其他渠道	Other way	%	1.0	2		2.9	1.7	1.6

表3－31 外出务工地点及工种（1999）
Place and Industry of Working Outside 1999

指标名称	Name of Indices	单位 Unit	合计 Total 项目村 Project	合计 Total 非项目村 Non-project	内蒙古 Inner Mongolia 项目村 Project	内蒙古 Inner Mongolia 非项目村 Non-project	甘肃 Gansu 项目村 Project	甘肃 Gansu 非项目村 Non-project
地点：	Place							
1. 本县	Within county	%	11.9	19.1	22.1	28.6	5.0	14.0
2. 本省	Other county within province	%	38.4	28.6	48.4	28.6	31.7	28.7
3. 内地省区	Other inland province	%	39.1	39.7	27.0	37.1	47.2	41.1
4. 沿海省区	Other coastal province	%	5.3	8.0	1.6	2.9	7.8	10.9
5. 其他地区	Other area	%	5.3	4.5	0.8	2.9	8.3	5.4
在外工种：	Industry							
1. 农林牧渔业	Agriculture	%	7.9	4.5	2.5		11.7	7
2. 工业	Industry	%	8.6	15.6	7.4	14.3	9.4	16.3
3. 建筑业	Construction	%	50.3	46.2	39.3	38.6	57.8	50.4
4. 服务业	Service	%	17.5	20.6	32	38.6	7.8	10.9
5. 其他行业	Other industry	%	15.6	13.1	18.9	8.6	13.3	15.5

表3－32 本年度在外务工时间（1999）
Duration of Working Outside 1999

指标名称	Name of Indices	单位 Unit	合计 Total 项目村 Project	合计 Total 非项目村 Non-project	内蒙古 Inner Mongolia 项目村 Project	内蒙古 Inner Mongolia 非项目村 Non-project	甘肃 Gansu 项目村 Project	甘肃 Gansu 非项目村 Non-project
1～3个月	1～3 months	%	20.9	18.6	23	24.3	19.4	15.5
4～6个月	4～6 months	%	25.8	22.1	24.6	18.6	26.7	24.0
7～9个月	7～9 months	%	22.8	25.6	19.7	22.9	25.0	27.1
9～12个月	9～12 months	%	30.5	33.7	32.8	34.3	28.9	33.3

表3－33 在外打工遇到的困难（1999）
Difficulties of Labour Mobility 1999

指标名称	Name of Indices	单位 Unit	合计 Total 项目村 Project	合计 Total 非项目村 Non-project	内蒙古 Inner Mongolia 项目村 Project	内蒙古 Inner Mongolia 非项目村 Non-project	甘肃 Gansu 项目村 Project	甘肃 Gansu 非项目村 Non-project
1. 住房	Dwelling finding	%	15.3	17.6	28.1	30	6.7	10.9
2. 找工作	Job-finding	%	41.5	41.5	29.8	27.1	49.5	31.1
3. 受歧视	Prejudice	%	9.6	9	7.4	2.9	11.1	12.4
4. 语言不通	Language problem	%	6	10.6	1.7	8.6	8.9	11.7
5. 文化差异	Gaps of culture	%	4.7	8	5.8	10.0	3.9	7.0
6. 疾病	Illness	%	2.3	1			3.9	1.6
7. 被抢、盗、打等意外伤害	Dangers such as robbed, stolen, beaten	%	1.3	4	2.5	2.9	0.6	4.7
8. 其他	Other	%	19.3	20.1	24.8	18.6	15.6	20.9

表 3-34 外出务工人员的外出意愿（1999）
Willing of Labour Working Outside 1999

指标名称	Name of Indices	单位 Unit	合计 Total 项目村 Project	非项目村 Non-project	内蒙古 Inner Mongolia 项目村 Project	非项目村 Non-project	甘肃 Gansu 项目村 Project	非项目村 Non-project
	Yes/not satisfied with work							
满意在外工作	Yes	人 person	244	163	112	65	132	98
不满意在外工作	Not	人 person	58	36	10	5	48	31
满意在外工作比例	% of yes	%	80.8	81.9	91.8	92.9	73.3	76
愿意外出务工	Willing to work outside	人 person	255	173	116	67	139	106
不愿外出务工	Not willing to work outside	人 person	47	26	6	3	41	23
愿意外出务工者比例	% of yes	%	84.4	86.9	95.1	95.7	77.2	82.2

表 3-35 在外务工要求的最低月工资（1999）
Minimum Wage Per Month of Labour Mobility 1999

指标名称	Name of Indices	单位 Unit	合计 Total 项目村 Project	非项目村 Non-project	内蒙古 Inner Mongolia 项目村 Project	非项目村 Non-project	甘肃 Gansu 项目村 Project	非项目村 Non-project
合计		元	301	199.0	121.0	70.0	180.0	129.0
0~500元	0~500 yuan	元	218	137.0	78.0	39.0	140.0	98.0
500~1000元	500~1000 yuan	元	80	61.0	43.0	30.0	37.0	31.0
1000元以上	>1000 yuan	元	3	1.0		1.0	3.0	
0~500元上	0~500 yuan	%	72.4	68.8	64.5	55.7	77.8	76.0
500~1000元	500~1000 yuan	%	26.6	30.7	35.5	42.9	20.6	24
1000元以上	>1000 yuan	%	1	0.5		1.4	1.7	

表 3－36 劳动力外出务工收支情况（1999）

Income and Expenditure of Labour Working Outside 1999

指标名称	Name of Indices	单 位 Unit	合 计 Total		内蒙古 Inner Mongolia		甘 肃 Gansu	
			项目村 Project	非项目村 Non-project	项目村 Project	非项目村 Non-project	项目村 Project	非项目村 Non-project
介绍外出平均成本	Cost of job-finding	元/人 yuan/person	96.9	119.3	93.8	115.7	98.9	121.2
在外务工总收入	Gross income	元/人 yuan/person	2685.6	3051.5	2684.6	3360.0	2686.2	2886.4
生活消费总支出	Living expenditure	元/人 yuan/person	1153.3	1308.1	1201.4	1643.5	1121.4	1128.7
其中：食品	Food	元/人 yuan/person	579	655.9	534	715.2	608.6	624.2
衣着	Clothing	元/人 yuan/person	163.7	199.8	249.8	339.4	106.6	125.2
住房	Dwelling	元/人 yuan/person	60.9	76	87.9	141	42.9	41.3
为家人或亲友购物	Gift to others	元/人 yuan/person	71.7	70.8	63	54.3	77.4	79.6
寄回或带回现金	Remittance	元/人 yuan/person	1439.2	1628.9	1395.7	1603	1468.1	1642.8

附录二：2000

Appendix Ⅱ:

一、2000年社区调查资料

Community Data 2000

表1-1 社区基

Basic Information

指 标 名 称	Name of Indices	单 位 Unit
一、调查村总数	Ⅰ. Total survey villages	个 Unit
二、调查村总户数	Ⅱ. Total households of survey villages	户 household
三、人口状况	Ⅲ. Population	
1. 调查村总人口	1. Total population	人 person
(1) 男性	(1) Male	%
(2) 女性	(2) Female	%
2. 调查村总劳动力	2. Total labor force	人 person
(1) 男性	(1) Male	%
(2) 女性	(2) Female	%
3. 调查村乡村企业从业人员	3. Employees in township enterprises	人 person
四、调查村土地资源情况	Ⅳ. Resource	
1. 耕地面积	1. Cultivated area	亩 Mu
#灌溉面积	# Irrigated area	亩 Mu
梯田面积	Terraced fields area	亩 Mu
2. 林地面积	2. Area of forestry	亩 Mu
#经济林	# Area of crop tree	亩 Mu
3. 桑茶果园面积	3. Mulberry & fruit field	亩 Mu
4. 草地面积	4. Wild hilly or grassland	亩 Mu
五、主要经济发展指标	Ⅴ. Major economic indicators	
1. 粮食生产量	1. Output of grain	吨 Tn
2. 年末猪存栏头数	2. Hog at year-end	头 Unit
3. 年末牛存栏头数	3. Cattle at year-end	头 Unit
4. 年末马存栏匹数	4. Horse at year-end	匹 Unit
5. 年末羊存栏只数	5. Sheep at year-end	只 Unit
6. 年末家禽存栏只数	6. Poultry at year-end	只 Unit

年调查资料
Date 2000

本情况（2000）
of Community 2000

合计 Total		内蒙古 Inner Mongolia		甘肃 Gansu	
项目村 Project	非项目村 Nonproject	项目村 Project	非项目村 Nonproject	项目村 Project	非项目村 Nonproject
92	58	50	30	42	28
22901	16731	14017	8789	8884	7942
93632	73201	55434	35194	39405	38007
51.6	49.2	50.8	47.2	52.7	51.1
48.4	50.8	49.2	52.8	47.3	48.9
48676	35779	28930	18067	19746	17712
53.4	53.0	53.2	48.8	53.8	57.3
46.6	47.0	46.8	51.2	46.2	42.7
61	515	30	238	31	277
533964	295763	454475	241362	79489	54401
42105	42912	39321	27415	2784	15497
20859	26332	3200	8260	17659	18072
104112	46833	70453	37162	33659	9671
12199	10513	4564	8367	7635	2146
2618.6	2489.0	343.0	158.0	2275.6	2331.0
832966.5	425894.0	806194.0	421234.0	26772.5	4660.0
12628	8360	2669	1380	9959	6980
26591	20389	14184	9486	12407	10903
12765	8454	7253	6022	5512	2432
10832	5845	6865	3665	3967	2180
122302	50770	114194	47851	8108	2919
91027	193755.1	64398	159541	26629	34214.1

表 1-2 农村基础设施、基本
Rual Infrastructure, Basic Education & Health

指标名称	Name of Indices	单位 Unit
一、社区基础设施	Ⅰ. Basic facilities	
使用照明电村比重	Prop. of villages using electricity	%
通公路的村的比重	Prop. of villages connecting to highway	%
通电话的村的比重	Prop. of villages with phone	%
有有线广播村的比重	Prop. of villages with line-broadcasting	%
能接收电视节目村的比重	Prop. of villages receiving TV Project	%
有小学的村比重	Prop. of villages with primary school	%
有卫生所的村比重	Prop. of villages with clinic	%
有合格卫生员的村比重	Prop. of villages with qualified health attendant	%
二、小学设施及人员	Ⅱ. Information of primary school	
村小学危房面积比重	Proportion (of area) of dangerous classrooms	%
教师合格率	Prop. of qualified teachers	%
女教师占教师总数比重	Prop. of female teachers to total teachers	%
合格教师中女教师比重	Proportion of qualified female teachers	%
接受过补助的学生人数比重	Proportion of students received education subside	%
接受过补助的女学生比重	Proportion of female students received education subside	%
女学生占学生总数比重	Proportion of female students to total students	%
三、平均每个村卫生所设备	Ⅲ. Information of village clinic	
听诊器数量（个）	Quantity of stethoscopes	个 Unit
血压计数量（个）	Quantity of sphygmomanometers	个 Unit
体温计数量（个）	Quantity of thermometers	个 Unit
注射器数量（套）	Quantity of injectors	套 Set
冰箱数量（台）	Quantity of refrigerators	台 Unit
药柜数量（个）	Quantity of medicine cases	个 Unit

文教卫生设备和人员（2000）

Facility and Personal Facilities and Staff 2000

合计 Total		内蒙古 Inner Mongolia		甘肃 Gansu	
项目村 Project	非项目村 Nonproject	项目村 Project	非项目村 Nonproject	项目村 Project	非项目村 Nonproject
94.6	93.1	98.0	93.3	90.5	92.9
87.0	86.2	90.0	80.0	85.7	92.9
42.4	55.2	44.0	43.3	40.5	67.86
20.7	32.8	16.0	26.7	26.2	39.29
96.7	91.4	100.0	100.0	92.9	82.14
83.9	86.7	75.9	78.6	92.6	93.75
64.1	79.3	56.0	76.7	73.8	82.1
84.8	86.0	84.0	80.0	85.7	92.59
7.2	5.2	2.6	3.7	15.3	6.0
91.0	89.8	98.4	96.2	78.9	85.1
26.9	38.4	34.3	39.3	14.9	37.7
25.7	38.7	33.9	37.4	9.2	39.7
2.8	0.5	1.7	1.0	3.7	0.4
101.6	28.0	47.9	48.1	121.9	4.3
49.2	46.7	52.0	47.2	46.9	46.5
81	74	36	32	45	42
71	81	35	44	36	37
113	132	44	64	69	68
150	111	75	42	75	69
18	14	5	8	13	6
72	93	28	31	44	62

二、2000年住户调查资料
Household Data 2000

表2－1 年末拥有家
Family Properties

指 标 名 称	Name of Indices	单 位 Unit
调查户数	Number of Households surveyed	户 household（h）
调查人口数	Number of persons surveyed	人 Person（p）
平均每户人口	Average household size	person（p）/h
一、年末生产用固定资产原值	Ⅰ. Original value of productive fixed assets at year-end	元/户 yuan/h
1. 农业	1. Agricultural	
其中：房屋及建筑物	House for production	
役畜、产品畜	Draught animals and commodity animals	元/户 yuan/h
大中型铁木农具	Large and medium wood and iron farm tools	元/户 yuan/h
农林牧渔业机械	Machinery of farming, forestry, animal husbandry & fishery	元/户 yuan/h
2. 工业	2. Industrial	元/户 yuan/h
其中：房屋及建筑物	House for production	
生产设备	Industrial machinery and facilities	
3. 建筑业	3. Construction	
4. 交通运输业	4. Transportation	元/户 yuan/h
5. 批发和零售贸易、餐饮业	5. Selling, catering	元/户 yuan/h
6. 社会服务业	6. Social service	
7. 文教卫生业	7. Education and public health	
8. 其他生产用固定资产	8. Others	元/户 yuan/h
二、经营耕地、山地、水面情况	Ⅱ. Cultivated land area, hilly area & water area	
1. 经营耕地面积	1. Area of cultivated land under management	亩/人 mu/p
其中：自留地面积	Family plots	亩/人 mu/p
2. 经营山地面积	2. Hilly area under management	亩/人 mu/p
3. 园地面积	3. Mulberry field and orchard	亩/人 mu/p
三、房屋情况	Ⅲ. Housing conditions	
（一）年末住房	A. Rooms used at year-end	
1. 年末住房面积	1. Area of rooms	平方米/人 m^2/p
其中：砖木结构面积	# Brick and wood structure	平方米/人 m^2/p
钢筋混泥土结构面积	Reinforced concrete structure	平方米/人 m^2/p
2. 年末住房价值	2. Value at year-end per m^2	元/平方米 yuan/m^2
（二）新建房屋情况	B. Rooms newly built within the year	
年内新建房屋面积	Area of rooms	平方米 m^2/p
其中：砖木结构面积	Brick and wood structure	平方米 m^2/p
钢筋混泥土结构面积	Reinforced concrete structure	平方米 m^2/p

庭财产状况（2000）

at Year-end 2000

合计 Total		内蒙古 Inner Mongolia		甘肃 Gansu	
项目村 Project	非项目村 Nonproject	项目村 Project	非项目村 Nonproject	项目村 Project	非项目村 Nonproject
920	580	500	300	420	280
3944	2490	1924	1176	2020	1314
4.29	4.29	3.85	3.92	4.81	4.69
4189.83	4575.98	5188.83	4865.42	3000.55	4265.86
3431.57	3574.55	4748.10	4423.67	1864.26	2664.79
741.21	1007.24	590.12	573.70	921.08	1471.75
856.54	907.11	737.34	889.85	998.44	925.61
336.40	302.87	427.99	406.72	227.36	191.61
1508.34	1203.90	2719.65	2119.37	66.31	223.04
76.98	169.66	30.14	218.33	132.74	117.50
9.47	57.07	5.60	41.67	14.07	73.57
39.25	130.69	24.54	176.67	56.76	81.43
	8.62				17.86
494.60	256.19	231.20	90.31	808.17	433.93
34.35	163.97	8.00	14.33	65.71	324.29
11.96	3.79			26.19	7.86
15.22	60.34		68.33	33.33	51.79
102.20	207.39	168.99	50.45	22.69	375.54
6.00	5.32	10.39	9.22	1.81	1.83
0.10	0.08	0.01	0.01	0.19	0.14
1.47	0.99	2.16	1.30	0.81	0.71
0.03	0.14	0.03	0.26	0.04	0.04
13.22	13.63	12.28	13.82	14.19	13.55
2.43	3.37	3.68	4.32	1.24	2.52
0.01	0.05			0.01	0.10
96.32	115.32	88.31	98.41	102.92	130.89
0.41	0.42	0.62	0.42	0.21	0.43
0.30	0.27	0.56	0.42	0.05	0.13
0.01	0.06			0.01	0.12

指 标 名 称	Name of Indices	单 位	Unit
四、年末拥有主要固定资产数量	Ⅳ.Number of major productive fixed assets at year-end		
1.汽车	1.Motor vehicles	辆/百户	unit/100h
2.大中型拖拉机	2.Large and medium tractors	台/百户	unit/100h
3.小型和手扶拖拉机	3.Mini and walking tractors	台/百户	unit/100h
4.机动脱粒机	4.Motored threshing machines	台/百户	unit/100h
5.收割机	5.Harvesters	辆/百户	unit/100h
6.农用动力机械	6.Power machine	辆/百户	unit/100h
7.胶轮大车	7.Carts with rubber tires	台/百户	unit/100h
8.水泵	8.Water pumps	台/百户	unit/100h
9.役畜	9.Draught animals	头/百户	unit/100h
10.产品畜	10.Product animals	头/百户	unit/100h
五、年末拥有耐用消费品数量	Ⅴ.Number of durable consumer goods owned at year-end		
1.年末拥有大型家具	1.Large furniture	件/百户	unit/100h
2.年末拥有洗衣机	2.Washing machine	台/百户	unit/100h
3.年末拥有电风扇	3.Electric fun	台/百户	unit/100h
4.年末拥有电冰箱	4.Refrigerator	台/百户	unit/100h
5.年末拥有热水器	5.Water heater	台/百户	unit/100h
6.年末拥有自行车	6.Bicycle	辆/百户	unit/100h
7.年末拥有摩托车	7.Motorcycle	台/百户	unit/100h
8.年末拥有汽车（生活用）	8.Automobile	台/百户	unit/100h
9.年末拥有电话机	9.Telephone	部/百户	unit/100h
10.年末拥有移动电话	10.Mobile telephone	部/百户	unit/100h
11.年末拥有寻呼机	11.Beeper	台/百户	unit/100h
12.年末拥有彩色电视机	12.Color TV	台/百户	unit/100h
13.年末拥有黑白电视机	13.Black and white TV	台/百户	unit/100h
14.年末拥有录放像机	14.Video recorder	台/百户	unit/100h
15.年末拥有摄像机	15.Video camera	台/百户	unit/100h
16.年末拥有影碟机	16.Video disc player	台/百户	unit/100h
17.年末拥有组合音响	17.Hi-fi stereo component system	台/百户	unit/100h
18.年末拥有收录机	18.Radio cassette player	台/百户	unit/100h
19.年末拥有照相机	19.Camera	架/百户	unit/100h
20.年末拥有家用计算机	20.Personel computer	台/百户	unit/100h
21.年末拥有中高档乐器	21.Music instrument	件/百户	unit/100h

续表

合计 Total		内蒙古 Inner Mongolia		甘肃 Gansu	
项目村 Project	非项目村 Nonproject	项目村 Project	非项目村 Nonproject	项目村 Project	非项目村 Nonproject
7.16	1.72	6.00		9.52	3.57
25.00	18.62	30.00	29.33	19.05	7.14
251.09	232.76	412.00	386.67	59.52	67.86
13.04	15.52	14.00	10.00	11.90	21.43
15.22	6.90	28.00	13.33		
54.35	37.93	54.00	43.33	54.76	32.14
213.04	150.00	344.00	236.67	57.14	57.14
103.26	77.59	166.00	113.33	28.57	39.29
775.65	810.34	604.00	713.33	980.00	914.29
641.30	241.38	870.00	293.33	369.05	185.71
158.48	192.93	129.6	128.67	192.86	261.79
4.13	6.21	4.4	8	3.81	4.29
2.83	8.28	0.4	0.67	5.71	16.43
2.17	2.24	3	3.67	1.19	0.71
0.76	0.86	0.4	0.33	1.19	1.43
66.85	89.48	76	95	55.95	83.57
10.54	12.76	17.8	21	1.9	3.93
5.43	3.45			11.9	7.14
2.93	4.83	3.4	3	2.38	6.79
0.33	0.52	0.2	0.67	0.48	0.36
0.22	1.03	0.2		0.24	2.14
32.28	32.59	34.8	37	29.29	27.86
46.2	52.59	55.8	56.67	34.76	48.21
1.52	1.38	1		2.14	2.86
0.22	0.17	0.2		0.24	0.36
1.52	4.48	0.6	2	2.62	7.14
2.39	4.83	2.2	2.33	2.62	7.5
34.89	37.59	32.6	34.67	37.62	40.71
0.54	1.38	0.2	1.67	0.95	1.07
2.17	1.03	1.8		2.62	2.14
0.11				0.24	

表 2–2 主要农作物及畜禽

Per Capita Output and Sale of

指标名称	Name of Indices	单位 Unit	
一、主要农产品人均产量	Ⅰ. Per capita output		
1. 粮食产量	1. Grain	公斤	kg
2. 棉花产量	2. Cotton	公斤	kg
3. 油料产量	3. Oil-bearing seeds	公斤	kg
4. 糖料总产量	4. Sugar crops	公斤	kg
5. 蔬菜总产量	5. Vegetable	公斤	kg
6. 水果总产量	6. Fruit	公斤	kg
7. 出售、自宰猪肉产量	7. Pork（sale and self-slaughter）	公斤	kg
8. 出售、自宰羊肉产量	8. Mutton（sale and self-slaughter）	公斤	kg
9. 出售、自宰家禽产量	9. Poultry（sale and self-slaughter）	公斤	kg
10. 禽蛋产量	10. Eggs	公斤	kg
二、主要农林牧渔产品人均出售量	Ⅱ. Per capita sale		
1. 出售粮食的数量	1. Grain	公斤	kg
其中：出售稻谷	Rice	公斤	kg
出售小麦	Wheat	公斤	kg
出售玉米	Corn	公斤	kg
出售豆类	Bean	公斤	kg
出售薯类	potato	公斤	kg
2. 出售油料的数量	2. Oil-bearing	公斤	kg
3. 出售糖料的数量	3. Sugar crops seeds	公斤	kg
4. 出售烟叶数量	4. Tobacco	公斤	kg
5. 出售蔬菜的数量	5. Vegetable	公斤	kg
6. 出售麻类	6. Hemps	公斤	kg
7. 出售水果的数量	7. Fruit	公斤	kg
8. 出售蛋类数量	8. Eggs	公斤	kg
9. 出售羊毛羊绒数量	9. Wool	公斤	kg
10. 出售肉猪及猪肉数量	10. Pork and pig	公斤	kg
11. 出售菜牛及牛肉数量	11. Cattle and beef（sale and self-slaughter）	公斤	kg
12. 出售菜羊用羊肉数量	12. Sheep and mutton	公斤	kg
13. 出售家禽数量	13. Poultry	公斤	kg
14. 出售水产品数量	14. Fishery	公斤	kg

人均生产量和出售量（2000）

Major Farm Products，Livestock & Poultry 2000

合计 Total		内蒙古 Inner Mongolia		甘肃 Gansu	
项目村 Project	非项目村 Nonproject	项目村 Project	非项目村 Nonproject	项目村 Project	非项目村 Nonproject
444.16	451.55	571.54	593.94	322.83	324.74
0.04	0.01	0.08	0	0	0.02
52.33	37.26	91.76	68.82	14.77	9.02
6.9	37.73	12.79	79.89	1.29	0
74.78	128.07	121.47	167.77	30.31	92.54
13.03	34.61	7.94	0.06	17.88	65.53
20.99	23.35	27.89	25.08	14.41	21.80
0.27	0.37	0.31	0.70	0.24	0.08
7.76	0.09	0.07	0.10	0.16	0.08
2.49	1.73	2.70	2.59	2.29	0.96
73.53	81.34	118.37	143.54	30.83	25.67
0.65	0.64	0	0	1.27	1.22
8.05	8.07	6.12	8.74	9.89	7.46
10.87	25.54	14.61	49.81	7.31	3.82
6.76	8.22	12.05	12.36	1.72	4.52
17.4	16.15	28.36	27.44	6.97	6.04
28.51	18.41	51.52	33.47	6.59	4.93
3.68	34.43	7.54	72.9	0	0
0	0.14	0	0	0	0.26
46.37	80.68	83.77	121.7	10.72	44.05
0.14	0	0	0	0.27	0
8.19	17.91	7.86	0.03	8.5	33.91
0.82	0.38	0.38	0.42	1.24	0.34
2.28	2.09	4.67	4.34	0	1.12
8.09	9.65	11.78	10.73	4.57	8.68
6.59	5.67	12.28	11.43	1.17	0.50
6.95	5.73	13.96	11.91	0.27	0.19
0.12	0.09	0.07	0.10	0.16	0.08
	0.01				0.02

表 2-3 人均粮食
Per Capita

指 标 名 称	Name of Indices	单 位 Unit	
一、年初粮食结存	Ⅰ. Grain inventory at year beginning	公斤	kg
二、年内粮食收入合计	Ⅱ. Annual grain received	公斤	kg
1. 家庭经营生产的	1. Grain from household production	公斤	kg
2. 购入	2. Buying	公斤	kg
3. 借入	3. Borrowing	公斤	kg
4. 收回借出粮	4. Call in grain lent	公斤	kg
5. 其他粮食收入	5. Others grain income	公斤	kg
三、年内粮食支出合计	Ⅲ. Total grain expenditure	公斤	kg
1. 主食用粮	1. As staple food	公斤	kg
2. 其他生活用粮	2. Other grain for livehood	公斤	kg
3. 出售	3. Sold	公斤	kg
4. 种子	4. Seeds	公斤	kg
5. 饲料	5. Forage	公斤	kg
6. 借出	6. Grain lent to others	公斤	kg
7. 归还借粮	7. Pay the borrowing	公斤	kg
8. 其他粮食支出	8. Other grain expenditure	公斤	kg
四、年末粮食结存	Ⅳ. Grain inventory at year-end	公斤	kg
其中：口粮	For living consumption	公斤	kg
饲料	For forage	公斤	kg
种子	for seeds	公斤	kg

平衡表（2000）
Balance of Grain 2000

合计 Total		内蒙古 Inner Mongolia		甘肃 Gansu	
项目村 Project	非项目村 Nonproject	项目村 Project	非项目村 Nonproject	项目村 Project	非项目村 Nonproject
363.87	420.6	540.37	634.82	195.75	228.88
496.1	506.49	623.48	653.09	374.77	375.29
444.16	445.55	571.54	593.94	322.83	312.74
40.23	54.04	49.05	57.97	31.82	50.52
0.89	0.84	0.90	1.18	0.87	0.53
3.79	1.00	0.00	0.00	7.4	1.89
7.03	5.08	1.98	0.00	11.85	9.62
448.31	471.25	558.39	596.82	343.45	358.86
237.46	245.39	213.72	222.71	260.08	265.68
2.60	3.64	5.08	7.77	0.26	0.00
73.53	81.34	118.37	143.54	30.83	25.67
48.39	51.46	76.12	75.33	21.99	30.10
83.14	86.70	142.69	145.95	26.41	33.68
0.14	0.45	0.18	0.03	0.10	0.82
0.88	0.74	1.67	1.56	0.12	0.00
2.17	1.56	0.59	0.03	3.67	2.92
468.41	492.56	728.86	700.90	220.33	306.10
288.94	341.93	364.73	395.35	216.75	294.12
32.58	35.87	64.25	69.69	2.43	5.59
56.95	50.49	115.52	99.77	1.16	6.39

表 2-4 人均总

Per Capita Annual Gross

指 标 名 称	Name of Indices	单 位 Unit	
全年总收入	Gross income	元	yuan
(一) 工资性收入	A. Wage and salary	元	yuan
1. 在非企业组织中得到收入	1. From non-commercial orgnization	元	yuan
2. 在本地企业中得到收入	2. From local enterprise	元	yuan
3. 常住人口外出从业得到收入	3. From labour mobility	元	yuan
4. 其他	4. From other units	元	yuan
(二) 家庭经营收入	B. Income from family business	元	yuan
1. 农业收入	1. Income from farming	元	yuan
其中：种植业收入	of which: from crop planting	元	yuan
2. 林业收入	2. Income from forestry	元	yuan
3. 牧业收入	3. Income from animal husbandry	元	yuan
4. 渔业收入	4. Income from fishery	元	yuan
5. 工业收入	5. Income from industry	元	yuan
6. 建筑业收入	6. Income from construction	元	yuan
7. 交通、运输和邮电业收入	7. Income from transportation and communication	元	yuan
8. 批发零售贸易、餐饮业收入	8. Income from wholesale, retail and catering trade	元	yuan
9. 社会服务业收入	9. Income from social service	元	yuan
10. 文教卫生业收入	10. Income from education and health service	元	yuan
11. 其他家庭经营收入	11. Other income from family business	元	yuan
(三) 财产性收入	C. Assets income	元	yuan
(四) 转移性收入	D. Transfer income	元	yuan
1. 家庭非常住人口寄回	1. Remittance	元	yuan
2. 亲友赠送	2. Gift of nonrural relatives	元	yuan
3. 调查补贴	3. Survey subsidy	元	yuan
4. 救济金	4. From relief fund	元	yuan
5. 救灾款	5. From disaster relief fund	元	yuan
6. 退休金	6. Retirement pension	元	yuan
7. 抚恤金	7. Pension	元	yuan
8. 其他	8. Other transfer income	元	yuan

收入（2000）
and Net Income 2000

合计 Total		内蒙古 Inner Mongolia		甘肃 Gansu	
项目村 Project	非项目村 Nonproject	项目村 Project	非项目村 Nonproject	项目村 Project	非项目村 Nonproject
1604.95	1800.33	2121.50	2310.53	1112.95	1344.35
245.95	314.62	229.70	305.14	261.42	323.11
38.93	49.57	41.06	57.06	36.90	42.87
27.07	44.75	26.17	37.24	27.93	51.47
130.74	164.42	72.18	128.53	186.51	196.54
49.21	55.88	90.29	82.31	10.08	32.22
1278.07	1414.59	1823.49	1950.31	758.56	935.77
758.40	891.60	1004.09	1137.33	524.39	672.31
710.28	802.18	949.25	1061.87	482.67	570.40
18.37	5.99	1.72	1.47	34.22	10.33
409.86	370.64	741.69	663.07	93.81	108.92
0.00	0.03	0.00	0.00	0.00	0.05
15.39	27.48	10.48	31.19	20.07	24.17
3.07	6.08	0.18	1.18	5.82	10.47
12.95	31.37	10.35	30.00	15.43	32.59
13.04	13.23	10.48	15.48	15.47	11.22
6.72	7.22	8.16	8.12	5.36	6.41
3.77	10.06	3.78	19.95	3.76	1.22
36.49	50.89	32.55	42.52	40.23	58.38
7.60	11.85	7.91	11.80	7.30	11.88
73.34	59.27	60.39	43.28	85.67	73.58
14.17	22.25	5.36	2.88	22.56	39.59
38.93	22.88	35.60	27.38	42.11	18.85
6.72	5.95	8.21	7.12	5.31	4.91
0.57	0.22	0.63	0.30	0.51	0.16
0.02	0.02	0.03	0.00	0.01	0.04
1.75	0.77	0.07	0.00	3.35	1.46
0.00	0.00	0.00	0.00	0.00	0.00
11.17	7.17	10.49	5.60	11.82	8.57

表 2-5 人均纯收
Per Capita Net Income

指 标 名 称	Name of Indices	单 位 Unit	
一、全年纯收入	Ⅰ. Net income per capita	元	yuan
1. 工资性收入	1. Wage and salary	元	yuan
2. 家庭经营收入	2. Income from family business	元	yuan
3. 财产性收入	3. Assets income	元	yuan
4. 转移性收入	4. Transfer income	元	yuan
二、纯收入构成	Ⅱ. Net income per capita	%	
1. 工资性收入	1. Wage and salary	%	
2. 家庭经营收入	2. Income from family business	%	
3. 财产性收入	3. Assets income	%	
4. 转移性收入	4. Transfer income	%	

表 2-6 人均总
Per Capita Total

指 标 名 称	Name of Indices	单 位 Unit	
全年总支出	Total expenditure per capita	元	yuan
一、家庭经营费用支出	Ⅰ. Expenditure of family business	元	yuan
1. 农业生产	1. Farming	元	yuan
2. 林业生产	2. Forestry	元	yuan
3. 牧业生产	3. Animal husbandry	元	yuan
4. 渔业生产	4. Fishery	元	yuan
5. 工业生产	5. Industry	元	yuan
6. 建筑业生产	6. Construction	元	yuan
7. 交通、运输和邮电业	7. Transportation	元	yuan
8. 批发和零售贸易、餐饮业	8. Commerce and catering trade	元	yuan
9. 社会服务业	9. Social service trade	元	yuan
10. 文教卫生业	10. Educational and health service	元	yuan
11. 其他家庭经营支出	11. Others	元	yuan
二、购置生产用固定资产支出	Ⅱ. Purchasing productive fixed assets	元	yuan
三、税费支出	Ⅲ. Paying taxes	元	yuan
1. 缴纳生产税	1. Producer tax	元	yuan
2. 缴纳其他直接税	2. Other direct tax	元	yuan
3. 村提留	3. Pay fees to village	元	yuan
4. 乡统筹	4. Pay fees to township	元	yuan
5. 其他各项收费	5. Other duty	元	yuan
四、生活消费支出	Ⅳ. Living expenditure	元	yuan
五、财产性支出	Ⅴ. Assets expenditure	元	yuan
六、转移性支出	Ⅵ. Transfer expenditure	元	yuan

入及构成（2000）

and Composition 2000

合计 Total		内蒙古 Inner Mongolia		甘肃 Gansu	
项目村 Project	非项目村 Nonproject	项目村 Project	非项目村 Nonproject	项目村 Project	非项目村 Nonproject
982.78	1157.29	1172.64	1360.00	801.94	977.55
245.95	314.62	229.70	305.14	261.42	323.11
694.21	797.36	917.06	1032.57	481.96	588.54
7.60	11.85	7.91	11.80	7.30	11.88
35.03	33.46	17.96	10.49	51.26	54.01
100.00	100.00	100.00	100.00	100.00	100.00
0.25	0.27	0.20	0.22	0.33	0.33
0.71	0.69	0.78	0.76	0.60	0.60
0.01	0.01	0.01	0.01	0.01	0.01
0.04	0.03	0.02	0.01	0.06	0.06

支出（2000）

Expenditure 2000

合计 Total		内蒙古 Inner Mongolia		甘肃 Gansu	
项目村 Project	非项目村 Nonproject	项目村 Project	非项目村 Nonproject	项目村 Project	非项目村 Nonproject
1657.59	1727.93	2232.61	2250.33	1109.92	1257.01
418.62	454.02	653.33	663.95	195.07	266.14
255.81	275.46	375.90	366.99	141.43	193.55
1.43	3.98	1.54	6.87	1.33	1.40
141.43	132.98	254.76	233.11	33.48	43.38
0.00	0.00	0.00	0.00	0.00	0.00
2.17	9.31	1.36	13.55	2.94	5.53
2.05	0.90	0.68	0.63	3.37	1.14
5.60	12.22	5.66	12.06	5.55	12.37
2.24	2.69	1.48	5.08	2.96	0.55
2.32	4.56	4.57	8.38	0.17	1.14
0.24	6.74	0.08	14.25	0.39	0.03
5.33	5.17	7.31	3.05	3.44	7.08
62.87	51.89	89.88	59.83	37.14	44.77
100.08	102.15	163.21	171.05	39.94	40.48
71.29	71.71	127.69	128.16	17.57	21.20
0.00	0.00	0.00	0.00	0.00	0.00
7.98	9.89	13.40	18.07	8.81	2.57
9.55	9.42	11.98	11.88	7.24	7.22
11.26	11.11	10.15	12.93	12.32	9.49
962.15	1012.82	1163.78	1184.32	770.12	855.95
30.57	24.06	31.22	12.83	29.95	34.12
83.30	83.00	131.18	158.35	37.70	15.55

表 2-7 人均生活消费

Per Capita Living

指 标 名 称	Name of Indices	单 位 Unit
生活消费支出	Living expenditure	元 yuan
一、食品消费总支出	Ⅰ. Food	元 yuan
1. 主食	1. Staple food	元 yuan
2. 副食	2. Non-staple food	元 yuan
3. 其他食品	3. Other food	元 yuan
4. 在外饮食	4. Diet outside	元 yuan
二、衣着消费总支出	Ⅱ. Clothing	元 yuan
三、居住消费总支出	Ⅲ. Dwelling	元 yuan
四、家庭设备、用品及服务	Ⅳ. Facility articles & service	元 yuan
五、医疗保健消费总支出	Ⅴ. Medicine and medical service	元 yuan
六、交通和通讯消费总支出	Ⅵ. Transportation & communication	元 yuan
七、文教娱乐用品及服务总支出	Ⅶ. Culture, education, recr. & service	元 yuan
八、其他商品及服务支出	Ⅷ. Other commodity and service	元 yuan

支出（2000）
Expenditure 2000

合计 Total		内蒙古 Inner Mongolia		甘肃 Gansu	
项目村 Project	非项目村 Nonproject	项目村 Project	非项目村 Nonproject	项目村 Project	非项目村 Nonproject
962.15	1012.82	1163.78	1184.32	770.12	855.95
521.00	536.05	585.82	581.73	459.25	495.17
241.79	258.49	249.51	250.20	234.43	265.90
169.48	172.98	215.76	209.68	125.40	140.13
91.43	85.54	97.96	92.96	85.21	78.89
6.64	8.89	11.00	16.39	2.49	2.17
72.79	74.98	94.52	97.51	52.20	54.93
106.75	111.67	121.80	108.30	92.33	111.19
30.40	31.98	34.62	41.07	26.38	23.85
57.63	52.86	63.77	71.69	51.78	36.00
47.44	46.00	81.19	66.92	15.30	27.27
105.96	135.72	15.89	185.75	62.22	90.95
20.18	23.56	30.17	31.35	10.66	16.59

表 2-8 人均现金
Per Capita Cash

指 标 名 称	Name of Indices	单 位	Unit
一、期内现金收入合计	Ⅰ. Total cash income	元	yuan
(一) 工资性收入	A. Wage and salary	元	yuan
1. 在非企业组织中得到收入	1. From collective organization	元	yuan
2. 在本地企业中得到收入	2. From enterprises	元	yuan
3. 常住人口外出从业得到收入	3. From labour mobility	元	yuan
4. 其他	4. From other units	元	yuan
(二) 家庭经营现金收入	B. Income from family business	元	yuan
1. 出售产品的现金	1. Cash from selling products	元	yuan
(1) 出售种农业产品的现金	(1) Farming	元	yuan
(2) 出售林业产品的现金	(2) Forestry	元	yuan
(3) 出售牧业产品的现金	(3) Animal husbandry	元	yuan
(4) 出售渔业产品的现金	(4) Fishery	元	yuan
(5) 出售工业产品的现金	(5) Industrial products	元	yuan
(6) 出售其他产品的现金	(6) Other products	元	yuan
2. 工业加工费的现金收入	2. Industrial processing	元	yuan
3. 建筑业的现金收入	3. Construction	元	yuan
4. 运输业的现金收入	4. Transportation	元	yuan
5. 批发和零售贸易、餐饮业	5. Commerce and catering trade	元	yuan
6. 社会服务业	6. Service trade	元	yuan
7. 文教卫生业	7. Education and health service	元	yuan
8. 其他家庭经营的现金收入	8. Others	元	yuan
(三) 财产性收入	C. Assets income	元	yuan
(四) 转移性收入	D. Transfer income	元	yuan
1. 家庭非常住人口寄回或带回	1. Remittance	元	yuan
2. 亲友赠送	2. Gift of relatives	元	yuan
3. 调查补贴	3. Survey subsidy	元	yuan
4. 救济金	4. From relief fund	元	yuan
5. 救灾款	5. From disaster relief fund	元	yuan
6. 保险年金收入	6. From insurance fund	元	yuan
7. 退休金	7. Retire pension	元	yuan
8. 其他	8. Pension	元	yuan
二、非收入所得	Ⅱ. Cash inlay other than income	元	yuan
1. 从银行信用社得到的贷款	1. Loans from banks & credit cooperatives	元	yuan
2. 借入款	2. Borrowing	元	yuan
3. 收回借出款	3. Withdraw of lent money	元	yuan
4. 从银行信用社取回存款	4. Withdraw of deposit from banks	元	yuan
5. 收回投资款	5. Withdraw the investment	元	yuan
6. 出售财产得款	6. Selling asset	元	yuan
7. 一次性工伤补贴	7. Accident pension	元	yuan
8. 保险公司赔付	8. Insurance	元	yuan

收入（2000）
Income 2000

合计 Total		内蒙古 Inner Mongolia		甘肃 Gansu	
项目村 Project	非项目村 Nonproject	项目村 Project	非项目村 Nonproject	项目村 Project	非项目村 Nonproject
937.36	1049.73	1246.40	1359.52	643.00	772.48
224.85	292.70	209.70	285.14	239.28	299.47
38.93	49.15	41.06	57.06	36.90	42.07
6.68	24.36	6.17	17.24	7.17	30.73
130.05	164.06	72.18	128.53	185.17	195.85
49.18	55.14	90.29	82.31	10.03	30.82
643.32	696.95	973.85	1024.39	328.50	403.90
552.05	536.66	897.85	889.69	222.67	220.71
222.28	246.17	313.78	364.20	135.12	140.54
17.51	6.24	1.19	1.60	33.06	10.39
309.75	275.88	581.89	509.80	50.54	667.17
	0.01				0.01
1.50	5.52	0.76	10.63	2.19	0.94
1.02	2.85	0.25	4.18	1.76	1.65
13.90	21.96	9.72	20.55	17.88	23.23
3.07	6.08	0.18	1.18	5.82	10.47
12.95	31.37	10.35	30.00	15.43	32.59
13.04	13.23	10.48	15.48	15.47	11.22
6.72	7.22	8.16	8.12	5.36	6.41
3.77	10.06	3.78	19.95	3.76	1.22
35.46	48.04	32.30	38.35	38.47	56.72
3.56	5.33	4.54	6.71	2.62	4.08
65.63	54.76	58.31	43.28	72.60	65.30
13.50	22.01	5.36	2.88	21.25	39.13
37.68	21.80	35.60	27.38	39.66	16.80
6.60	5.95	8.21	7.12	5.07	4.91
0.57	0.22	0.63	0.30	0.51	0.16
0.02	0.02	0.03		0.01	0.04
1.75	0.77	0.07		3.35	1.46
5.51	3.98	8.41	5.60	2.76	2.54
294.97	275.94	445.25	437.19	151.86	131.63
85.14	50.72	130.37	86.49	42.05	18.71
144.08	151.35	198.20	213.98	92.53	95.30
37.34	60.35	60.96	114.47	14.85	11.92
5.22	6.34	9.82	9.60	0.84	3.42
223.19	5.77	45.88	11.62	1.58	0.53
	1.41		1.02		0.53

表2-9 人均现金
Per Capita

指 标 名 称	Name of Indices	单 位 Unit	
一、期内现金支出	Ⅰ. Total cash expenditure	元	yuan
(一) 生产费用支出	A. Expenditure of production	元	yuan
1. 家庭经营费用支出	1. Input of family business	元	yuan
(1) 农业生产支出	(1) Farming	元	yuan
(2) 林业生产支出	(2) Forestry	元	yuan
(3) 牧业生产支出	(3) Animal husbandry	元	yuan
(4) 渔业生产支出	(4) Fishery	元	yuan
(5) 工业生产支出	(5) Industry	元	yuan
(6) 建筑业生产支出	(6) Construction	元	yuan
(7) 交通运输支出	(7) Transportation	元	yuan
(8) 批发和零售贸易、餐饮业	(8) Commerce and catering trade	元	yuan
(9) 社会服务业支出	(9) Service trade	元	yuan
(10) 文教卫生业	(10) Education and health service	元	yuan
(11) 其他经营支出	(11) Others	元	yuan
2. 购置生产性固定资产支出	2. Investment on productive fixed assets	元	yuan
其中：大中型铁木农具	L & M wood and iron farm tools	元	yuan
农林牧渔业机械	Machinery of first industry	元	yuan
工业机械	Industrial machinery	元	yuan
运输机械	Transport machinery	元	yuan
役畜	Draught animals	元	yuan
产品畜	Products animal	元	yuan
(二) 税费支出	B. Paying taxes	元	yuan
1. 缴纳生产税	1. Pay producer tax	元	yuan
第一产业	Primary industry	元	yuan
第二产业	Secondary industry	元	yuan
第三产业	Tertiary industry	元	yuan
2. 村提留	2. Pay fee to village	元	yuan
3. 乡统筹	3. Pay fee to township	元	yuan
4. 其他各项收费	4. Other duty	元	yuan
(三) 生活消费支出	C. Living expenditure	元	yuan
(四) 财产性支出	D. Assets expenditure	元	yuan
(五) 转移性支出	E. Transfer expenditure	元	yuan
二、非消费性现金支出	Ⅱ. Other cash outlay	元	yuan
1. 归还银行信用社贷款	1. Repay loan	元	yuan
2. 借出款	2. Lent to other	元	yuan
3. 归还借款	3. Repay borrowings	元	yuan
4. 存入银行信用社	4. Deposit	元	yuan
三、期末金融资产余额	Ⅲ. Credit	元	yuan
1. 银行存款	1. Deposit remaining at year-end	元	yuan
2. 手存现金	2. Cash in home	元	yuan
四、期末债务余额	Ⅳ. Debt	元	yuan
1. 银行、信用社贷款	1. Loan	元	yuan
2. 个人借（欠）款	2. Debt to relative	元	yuan

支出（2000）
Expenditure in Cash 2000

合计 Total		内蒙古 Inner Mongolia		甘肃 Gansu	
项目村 Project	非项目村 Nonproject	项目村 Project	非项目村 Nonproject	项目村 Project	非项目村 Nonproject
1120.49	1181.80	1539.75	1616.33	722.11	793.95
324.63	340.97	473.42	470.44	182.91	225.09
261.76	289.08	383.54	410.60	145.77	180.32
176.77	175.43	244.08	230.59	112.67	126.07
1.40	3.98	1.54	6.87	1.27	1.40
63.64	68.38	116.79	116.19	13.01	25.58
0.00				0.00	
2.17	9.31	1.36	13.55	2.94	5.53
2.05	0.68	0.68	0.60	3.37	0.76
5.60	12.22	5.66	12.06	5.55	12.37
2.24	2.69	1.48	5.08	2.96	0.55
2.32	4.56	4.57	8.38	0.17	1.14
0.24	6.74	0.08	14.25	0.39	0.03
5.33	5.08	7.31	3.05	3.44	6.90
862.87	51.89	89.88	59.83	37.14	44.77
1.89	3.95	3.07	7.55	0.77	0.73
35.06	15.89	61.20	30.74	10.16	2.60
0.25	1.69	0.52	1.87		1.53
11.93	21.18	2.88	7.65	20.55	33.30
6.26	5.67	8.58	5.04	4.06	6.24
2.13	2.79	3.44	5.80	0.87	0.10
98.17	101.18	163.21	171.05	36.22	38.66
69.90	70.96	127.69	128.16	14.85	19.76
69.48	68.36	127.51	126.29	14.21	16.52
0.20	0.40	0.04	0.54	0.35	0.27
0.21	2.20	0.13	1.33	0.30	2.97
7.98	9.82	13.40	18.07	2.81	2.44
9.28	9.42	11.98	11.88	6.71	7.22
11.02	10.98	10.15	12.93	11.85	9.24
609.46	654.06	767.05	811.72	460.32	514.02
5.52	3.33	5.41	4.93	5.63	1.90
82.71	82.26	130.65	158.20	37.04	14.29
113.85	89.43	187.21	141.85	43.98	42.51
26.95	24.75	45.12	48.52	9.60	3.47
4.28	8.58	5.51	7.43	3.11	9.61
67.97	43.48	113.97	72.72	24.16	17.32
13.99	12.37	22.38	13.01	6.01	11.80
367.53	380.42	577.01	530.99	168.01	245.67
15.59	33.98	25.86	46.00	5.82	23.21
351.94	346.45	551.15	484.98	162.19	222.46
189.51	276.03	274.62	467.96	108.45	104.26
91.95	109.21	113.37	155.65	71.54	67.65
3.26	6.83	4.94	7.65	1.65	6.09

表 2-10 人均食品
Per Capita Food

指 标 名 称	Name of Indices	单 位 Unit	
一、消费粮食	Ⅰ. Consumption of Grain	公斤	kg
其中：1. 小麦	1. Wheat	公斤	kg
2. 大米	2. Rice	公斤	kg
二、消费豆类及豆制品	Ⅱ. Bean	公斤	kg
三、消费蔬菜及菜制品	Ⅲ. Vegetable	公斤	kg
四、消费调味品	Ⅳ. Flavoring	公斤	kg
五、消费油脂类	Ⅴ. Oil	公斤	kg
1. 植物油	1. Vegetable oil	公斤	kg
2. 动物油	2. Fat	公斤	kg
六、消费肉禽及其制品	Ⅵ. Meat	公斤	kg
1. 猪肉	1. Pork	公斤	kg
2. 牛肉	2. Beef	公斤	kg
3. 羊肉	3. Mutton	公斤	kg
4. 家禽	4. Poultry	公斤	kg
5. 肉禽制品	5. Meat and poultry products	公斤	kg
七、消费蛋类及蛋制品	Ⅶ. Egg and relevant products	公斤	kg
八、消费奶和奶制品	Ⅷ. Milk and dairy products	公斤	kg
九、消费水产品	Ⅸ. Aquatic products	公斤	kg
十、消费糖类	Ⅹ. Sugar	公斤	kg
十一、消费酒和饮料	Ⅺ. Liquor	公斤	kg
其中：1. 白酒	1. Spirit	公斤	kg
2. 啤酒	2. Beer	公斤	kg
十二、消费糕点	Ⅻ. Cake	公斤	kg
十三、消费水果及果制品	XIII. Fruit and relevant products	公斤	kg
十四、消费坚果及果仁制品	XIV. Nut, kernel and relevant products	公斤	kg

消费量（2000）

Consumption 2000

合计 Total		内蒙古 Inner Mongolia		甘肃 Gansu	
项目村 Project	非项目村 Nonproject	项目村 Project	非项目村 Nonproject	项目村 Project	非项目村 Nonproject
238.04	247.46	217.55	228.74	257.56	264.20
169.22	174.57	137.79	141.90	199.16	203.81
7.83	11.63	7.17	7.15	8.45	15.63
2.61	2.32	1.55	2.27	3.63	2.38
33.26	47.58	32.77	38.85	33.73	55.38
0.01	0.10	0.02	0.01		0.18
6.30	6.88	6.68	7.91	5.94	5.96
4.86	5.11	4.89	5.80	4.74	4.49
1.46	1.78	1.73	2.12	1.20	1.47
13.20	11.87	17.89	16.45	8.73	7.80
11.87	10.68	15.69	14.05	8.23	7.67
0.27	0.31	0.52	0.65	0.03	0.01
0.66	0.47	1.20	0.99	0.14	0.01
0.35	0.37	0.39	0.67	0.32	0.11
0.05	0.04	0.09	0.09	0.01	0.00
1.49	1.82	2.17	3.01	0.85	0.75
0.32	0.22	0.51	0.37	0.13	0.09
0.30	0.36	59.00	0.73	0.03	0.02
1.15	1.09	1.72	1.63	0.61	0.61
6.15	6.29	7.76	8.65	4.61	4.17
3.49	3.34	4.18	4.45	2.84	2.35
1.23	1.63	1.81	2.77	0.68	0.61
0.26	0.51	0.41	0.32	0.12	0.68
8.89	11.57	13.16	16.02	4.84	7.59
0.26	0.19	0.46	0.33	0.08	0.07

三、2000年个人调查资料
Information of Individuals 2000

表3-1 调查人口的性别构成（2000）
Composition of Surveyed Population by Gender 2000

指标名称	Name of Indices	单位 Unit	合计 Total 项目村 Project	合计 Total 非项目村 Non-project	内蒙古 Inner Mongolia 项目村 Project	内蒙古 Inner Mongolia 非项目村 Non-project	甘肃 Gansu 项目村 Project	甘肃 Gansu 非项目村 Non-project
总人数	Number of surveyed persons	人 person	3980	2492	1928	1175	2052	1317
男性人数	Number of males	人 person	2082	1294	1006	587	1076	707
男性比重	Weight of male	%	52.3	51.9	52.2	50.0	52.4	53.7
女性人数	Number of Female	人 person	1898	1198	922	588	976	610
女性比重	Weight of female	%	47.7	48.1	47.8	50.0	47.6	46.3

表3-2 劳动力及其构成（2000）
Number and Composition of Labour Force 2000

指标名称	Name of Indices	单位 Unit	合计 Total 项目村 Project	合计 Total 非项目村 Non-project	内蒙古 Inner Mongolia 项目村 Project	内蒙古 Inner Mongolia 非项目村 Non-project	甘肃 Gansu 项目村 Project	甘肃 Gansu 非项目村 Non-project
合计	Number of adults	人 person	2797	1840	1437	913	1360	927
丧失劳动能力	Number of without labour ability	人 person	190	133	50	43	140	90
丧失劳动能力(%)	Weight of without labour ability	%	6.8	7.2	3.5	4.7	10.3	9.7
有劳动能力	Number of with labour ability	人 person	2607	1707	1387	870	1220	837
有劳动能力（%）	Weight of with labour ability	%	93.2	92.8	96.5	95.3	89.7	90.3

表3-3 劳动力文化程度构成（2000）
Labour Composition by Educational Attainment 2000

指标名称	Name of Indices	单位 Unit	合计 Total 项目村 Project	合计 Total 非项目村 Non-project	内蒙古 Inner Mongolia 项目村 Project	内蒙古 Inner Mongolia 非项目村 Non-project	甘肃 Gansu 项目村 Project	甘肃 Gansu 非项目村 Non-project
1. 文盲或半文盲	Illiterates or semi-illiterates	%	22.2	22.9	10.4	8.4	34.5	36.5
2. 小学	Primary school	%	34.1	27.0	33.9	28.9	34.3	25.2
3. 初中	Junior middle school	%	34.7	38.2	44.1	47.9	25.0	29.1
4. 高中	Senior middle school	%	8.1	9.0	10.1	11.1	5.9	7.2
5. 中专	Secondary special school	%	0.6	1.8	0.9	2.4	0.2	1.2
6. 大专以上	University or college	%	0.3	1.1	0.6	1.3		0.8

表3-4 按从事生产时间分的劳动力构成（2000）
Labour Composition by Duration of Employment 2000

指标名称	Name of Indices	单位 Unit	合计 Total		内蒙古 Inner Mongolia		甘肃 Gansu	
			项目村 Project	非项目村 Non-project	项目村 Project	非项目村 Non-project	项目村 Project	非项目村 Non-project
0个月	Not working in the year	%	3.5	4.8	3.9	5	3.1	4.7
1~3个月	1~3 monthes	%	1.0	1.7	1.6	2.4	0.3	1.2
4~6个月	4~6 monthes	%	23.1	21.1	39.7	34.2	6.1	5.1
7~9个月	7~9 monthes	%	31.3	18.9	30.2	22.1	32.3	15.9
9~12个月	9~12 monthes	%	40.8	55.1	24.6	36.3	57.5	72.5

表3-5 劳动力从业类型情况（2000）
Labour Composition by Industry 2000

指标名称	Name of Indices	单位 Unit	合计 Total		内蒙古 Inner Mongolia		甘肃 Gansu	
			项目村 Project	非项目村 Non-project	项目村 Project	非项目村 Non-project	项目村 Project	非项目村 Non-project
种植业	Farming	人 person	2078	1243	1028	586	1050	657
林业	Forestry	人 person	1	2		1	1	1
牧业	Animal husbandry	人 person	111	86	111	86		
工业	Industry	人 person	18	26	4	10	14	16
建筑业	Construction	人 person	74	50	18	11	56	39
交通运输业	Transportation	人 person	10	12	6	3	4	9
邮电通讯业	Communication	人 person	2	1	2			1
批发和零售贸易/餐饮业	Commerce and catering trade	人 person	14	15	5	7	9	8
社会服务业	Social service trade	人 person	39	41	18	18	21	23
文教卫生	Educational and health service	人 person	17	25	3	11	14	14
其他	Others	人 person	30	50	13	7	17	43
种植业	Farming	%	86.3	79.8	84.5	78.6	88.2	80.9
林业	Forestry	%		0.1		0.1	0.1	0.1
牧业	Animal husbandry	%	4.6	5.5	9.1	11.5		
工业	Industry	%	0.7	1.7	0.3	1.3	1.2	2.0
建筑业	Construction	%	3.1	3.2	1.5	1.5	4.7	4.8
交通运输业	Transportation	%	0.4	0.8	0.5	0.4	0.3	1.1
邮电通讯业	Communication	%	0.1	0.1	0.2			0.1
批发和零售贸易/餐饮业	Commerce and catering trade	%	0.6	1	0.4	0.9	0.8	1
社会服务业	Social service trade	%	1.6	2.6	1.5	2.4	1.8	2.8
文教卫生	Educational and health service	%	0.7	1.6	0.2	1.5	1.2	1.7
其他	Others	%	1.2	3.2	1.1	0.9	1.4	5.3

表 3-6 成年人接受培训情况（2000）

Technical Training Attainment of Adults 2000

指标名称	Name of Indices	单 位 Unit	合 计 Total		内蒙古 Inner Mongolia		甘 肃 Gansu	
			项目村 Project	非项目村 Non-project	项目村 Project	非项目村 Non-project	项目村 Project	非项目村 Non-project
接受培训者比例	Proportion of trained adults							
其中：1. 农业	Farming	%	2	4.2	1.8	5.3	2.2	3.1
2. 林业	Forestry	%	0.8	0.1	1.4		0.2	0.1
3. 养殖业	Animal husbandry	%	0				0.1	
4. 渔业	Fishery	%	0		0.1			
5. 工业	Manufacture	%	0.1	0.1	0.1	0.3	0.2	
6. 医生	Doctor	%	0.2	0.3	0.2	0.1	0.2	0.4
7. 教师	Teacher	%	0.1	0.5	0.2	0.5	0.1	0.4
8. 驾驶	Driving	%	0.1	0.3	0.1		0.1	0.5
9. 餐饮业	Food service	%	0.1		0.1		0.2	
10. 理发	Hairdressing	%	0.1	0.1	0.2		0.1	0.3
11. 服装、刺绣加工	Sewing	%	0.2	0.5			0.4	0.9
12. 兽医	Veterinarian	%						
13. 其他	Others	%	0.7	0.5	0.1	0.5	1.3	0.5
人均接受培训天数	Per capita training days	day	8.5	8.9	7.5	8	9.5	9.9
未接受培训者比例	Rate of untained	%	95.5	93.5	95.8	93.2	95.1	93.8

表 3-7 学龄儿童入学率（2000）

Enrollment Rate of School-age Children 2000

指标名称	Name of Indices	单 位 Unit	合 计 Total		内蒙古 Inner Mongolia		甘 肃 Gansu	
			项目村 Project	非项目村 Non-project	项目村 Project	非项目村 Non-project	项目村 Project	非项目村 Non-project
7～12 岁男童	Boys aged 7～12	%	92.4	90.6	94.8	92.9	90.6	89.4
7～12 岁女童	Girls aged 7～12	%	90.4	95.6	95.4	97.3	86.1	93.4
13～15 岁男童	Boys aged 13～15	%	85.0	84.9	90.3	81.0	81.2	88.2
13～15 岁女童	Girls aged 13～15	%	75.6	80.5	84.1	91.7	66.7	71.7

表 3-8 学龄儿童小学完学率（2000）

Completion Rate of School-age Children 2000

指标名称	Name of Indices	单 位 Unit	合 计 Total		内蒙古 Inner Mongolia		甘 肃 Gansu	
			项目村 Project	非项目村 Non-project	项目村 Project	非项目村 Non-project	项目村 Project	非项目村 Non-project
15 岁儿童	Children aged 15	%	67.9	89.5	84.5	96.5	55.4	82.5
15 岁男童	Boys aged 15	%	70.0	92.6	91.7	92.9	60.7	92.3
15 岁女童	Girls aged 15	%	65.8	86.4	77.3	100.0	50.0	72.7

表 3－9　小学学生上学费用（2000）
Schooling Expense of Students（Primary School，2000）

指标名称	Name of Indices	单位 Unit	合计 Total		内蒙古 Inner Mongolia		甘肃 Gansu	
			项目村 Project	非项目村 Non-project	项目村 Project	非项目村 Non-project	项目村 Project	非项目村 Non-project
每学期学费	Tuition per term	元/人 yuan/person	77.9	83.8	129.2	132.2	41.6	48.4
每学期书本费	Expense for books	元/人 yuan/person	60.5	48.9	65.2	61.8	57.1	39.6
教育集资费	Pay education fund	元/人 yuan/person	3.5	1.7	5.2	0.8	2.2	2.4
住宿费	Boarding expense	元/人 yuan/person	4.1	2.7	9.2	6.3	0.5	
交通费	Traffic expense	元/人 yuan/person	0.9	1.5	1.9	3.0	0.2	0.5
其他费用	Other expense	元/人 yuan/person	14.2	18.7	24.6	21.2	6.8	16.9
离校距离	Average distance to school	mile	1.8	1.7	2.2	2.5	1.6	1.1

表 3－10　初中学生上学费用（2000）
Schooling Expense of Students（Junior Middle School，2000）

指标名称	Name of Indices	单位 Unit	合计 Total		内蒙古 Inner Mongolia		甘肃 Gansu	
			项目村 Project	非项目村 Non-project	项目村 Project	非项目村 Non-project	项目村 Project	非项目村 Non project
每学期学费	Tuition per term	元/人 yuan/person	208.7	197.2	287.7	296.8	107.9	105.5
每学期书本费	Expense for books	元/人 yuan/person	96.8	91.7	109.5	105.1	80.6	79.4
教育集资费	Pay education fund	元/人 yuan/person	8.4	7.5	8.1	11.3	8.6	4.0
住宿费	Boarding expense	元/人 yuan/person	33.8	31.5	45.3	62.1	19.1	3.3
交通费	Traffic expense	元/人 yuan/person	5.8	6.3	9.9	10.0	0.5	3.0
其他费用	Other expense	元/人 yuan/person	41.4	37.9	57.0	29.9	21.5	45.2
离校距离	Average distance to school	mile	8.6	4.6	10.9	6.4	5.6	3.0

表 3－11　5岁以下儿童计划免疫率（2000）
Immunization Rate of Children Under 5-years-old 2000

指标名称	Name of Indices	单位 Unit	合计 Total		内蒙古 Inner Mongolia		甘肃 Gansu	
			项目村 Project	非项目村 Nonproject	项目村 Project	非项目村 Nonproject	项目村 Project	非项目村 Nonproject
接受计划免疫儿童人数	Number of Immunized children	人 person	166	71	60	24	106	47
未接受计划免疫儿童人数	Number of unimmunized children	人 person	10	4			10	4
接受计划免疫比例	Immunization rate	%	94.3	94.7	100.0	100.0	91.4	92.2

表 3-12 劳动力外出务工文化程度构成（2000）
Composition of Labour Working Outside by Educational Attainment 2000

指标名称	Name of Indices	单位 Unit	合计 Total		内蒙古 Inner Mongolia		甘肃 Gansu	
			项目村 Project	非项目村 Nonproject	项目村 Project	非项目村 Nonproject	项目村 Project	非项目村 Nonproject
1. 文盲或半文盲	Illiterates or semi-illiterates	%	8.5	8.8	1.7		14.2	15.0
2. 小学	Primary school	%	29.2	24.3	16.8	13.5	39.7	31.8
3. 初中	Junior middle school	%	57.3	53.0	75.6	73.0	41.8	39.3
4. 高中	Senior middle school	%	5.0	12.7	5.9	12.2	4.3	13.1
5. 中专	Secondary special school	%		0.6		1.4		
6. 大专以上	University or college	%		0.6				0.9

表 3-13 劳动力外出务工性别和年龄构成（2000）
Composition of Labour Working Outside by Gender and Age 2000

指标名称	Name of Indices	单位 Unit	合计 Total		内蒙古 Inner Mongolia		甘肃 Gansu	
			项目村 Project	非项目村 Nonproject	项目村 Project	非项目村 Nonproject	项目村 Project	非项目村 Nonproject
按性别分	By gender							
男性	male	%	75.4	70.2	79.0	74.3	72.3	67.3
女性	female	%	24.6	29.8	21.0	25.7	27.7	32.7
按年龄分	By age							
10~20岁	10~20 ages	%	27.7	33.1	30.3	39.2	25.5	29.0
20~30岁	20~30 ages	%	40.8	43.1	39.5	45.9	41.8	41.1
30~40岁	30~40 ages	%	25	21	20.2	13.5	29.1	26.2
40~50岁	40~50 ages	%	6.2	1.7	10.1	1.4	2.8	1.9
50~60岁	50~60 ages	%	0.4	1.1			0.7	1.9

表 3-14 本年度外出务工时间（2000）
Duration of Working Outside 2000

指标名称	Name of Indices	单位 Unit	合计 Total		内蒙古 Inner Mongolia		甘肃 Gansu	
			项目村 Project	非项目村 Nonproject	项目村 Project	非项目村 Nonproject	项目村 Project	非项目村 Nonproject
1~3个月	1~3 months	%	13.6	16.0	14.7	20.3	12.8	13.1
4~6个月	4~6 months	%	33.1	22.1	37.9	21.6	29.1	22.4
7~9个月	7~9 months	%	26.5	24.9	20.7	14.9	31.2	31.8
9~12个月	9~12 months	%	26.8	37.0	26.7	43.2	27.0	32.7

表 3－15　外出务工地点及工种（2000）

Place and Industry of Working Outside 2000

指标名称	Name of Indices	单位 Unit	合计 Total		内蒙古 Inner Mongolia		甘肃 Gansu	
			项目村 Project	非项目村 Nonproject	项目村 Project	非项目村 Nonproject	项目村 Project	非项目村 Nonproject
地点：	Place							
1. 本县	Within county	%	10.4	18.1	19.3	27.1	4.7	13.4
2. 本省	Other county within province	%	47.1	27.5	50.5	15.3	45.0	33.9
3. 内地	Other inland province	%	29.5	40.4	30.3	54.2	29.0	33.0
4. 沿海省区	Other coastal province	%	10.4	8.2		3.4	17.2	10.7
5. 其他地区	Other area	%	2.5	5.8			4.1	8.9
在外工种：	Industry							
1. 农林牧渔业	Agriculture	%	8.0	2.3	2.8	1.7	11.4	2.7
2. 工业	Industry	%	9.8	25.1	10.1	11.9	9.6	32.1
3. 建筑业	Construction	%	44.2	43.3	34.9	42.4	50.3	43.8
4. 服务业	Service	%	23.9	21.6	33.0	40.7	18.0	11.6
5. 其他行业	Other industry	%	14.1	7.6	19.3	3.4	10.8	9.8

表 3－16　劳动力外出务工收支情况（2000）

Income and Expenditure of Labour Working Outside 2000

指标名称	Name of Indices	单位 Unit	合计 Total		内蒙古 Inner Mongolia		甘肃 Gansu	
			项目村 Project	非项目村 Nonproject	项目村 Project	非项目村 Nonproject	项目村 Project	非项目村 Nonproject
在外务工总收入	Gross income	元/人 yuan/person	2839.40	3208.20	2957.80	3727.00	2748.40	2940.70
自己生活消费总支出	Living expenditure	元/人 yuan/person	1047.0	1172.0	1374.3	1522.0	795.6	991.6
食品	Food	元/人 yuan/person	521.0	569.2	643.9	731.2	425.6	486.5
衣着	Clothing	元/人 yuan/person	265.5	210.9	415.4	366.2	149.2	130.8
住房	Dwelling	元/人 yuan/person	97.5	98.1	178.2	155.8	35.5	68.4
为家人或亲友购物	Gift to others	元/人 yuan/person	359.5	240.9	246.7	147.8	429.4	288.4
寄回或带回现金	Remittance	元/人 yuan/person	1373.7	1601.5	1217.6	1803.3	1468.1	1499.7

表3－17　外出务工人员的外出意愿（2000）
Willing of Labour Working Outside 2000

指标名称	Name of Indices	单位 Unit	合计 Total		内蒙古 Inner Mongolia		甘肃 Gansu	
			项目村 Project	非项目村 Nonproject	项目村 Project	非项目村 Nonproject	项目村 Project	非项目村 Nonproject
人数	Number of reportor	人 person	278	171	109	59	169	112
满意在外工作	Number of satisfied with work	人 person	251	141	103	54	148	87
不满意在外工作	Number of unsatisfied with work	人 person	27	29	6	4	21	25
满意在外工作比例	Rate of satisfied	%	90.3	82.5	94.5	91.5	87.6	77.7
不满意在外工作比例	Rate of unsatisfied	%	9.7	17.0	5.5	6.8	12.4	22.3
人数	Number of reportor	人 person	276	171	108	59	168	112
愿意外出务工比例	Willing to work outside	人 person	252	152	106	57	146	95
不愿意外出务工比例	Unwilling to work out side	人 person	24	19	2	2	22	17
愿意外出务工比例	Rate of willing	%	91.3	88.9	98.1	96.6	86.9	84.8
不愿意外出务工比例	Rate of unwilling	%	8.7	11.1	1.9	3.4	13.1	15.2

责任编辑：孙怡红
责任校对：徐领弟
版式设计：周国强
技术编辑：李长建

贫困监测报告 2000（内蒙古　甘肃）
中国西部扶贫世行贷款项目
国家统计局农村社会经济调查总队
国务院扶贫办外资项目管理中心
经济科学出版社出版、发行　新华书店经销
社址：北京海淀区阜成路甲 28 号　邮编：100036
总编室电话：88191217　　发行部电话：88191540
网址：www.esp.com.cn
电子邮件：esp@esp.com.cn
天宇星印刷厂印刷
新路装订厂装订
880×1230　16 开　　10.5 印张　260000 字
2001 年 10 月第一版　2001 年 10 月第一次印刷
印数：0001—1500 册
ISBN 7-5058-2721-9/ F·2112　定价：28.00 元
（图书出现印装问题，本社负责调换）
（版权所有　翻印必究）